# 318佔領立法院

## 看·見·希·望·世·代

# 目錄

# 主編序：場外／場內——守護「希望世代」的溫柔革命

文．劉定綱

「如果我們不溫柔，怎麼會為了別人守在這裡？」三月二十二日早上七點，兩位高中女生這麼說著。

「孩子，娘為你站出來了。」

「學生正在保護國家，學生由我們來保護。」

「六七年級的哥哥姐姐，站出來力挺弟弟妹妹。」

「孩子謝謝你們，你是我們的希望。」

在立院周邊的塗鴉牆或布條上，我們看到這樣的文句。

二〇一四年三月十八號，台灣立法院第一次被學生與公民佔領。

也許是因為張慶忠立委「三十秒事件」的程序黑箱所激起的義憤，佔領立院後，大規模的社會譴責並未出現。反而我們看到了，一種不斷延伸出去的「場外」對於「場內」的守護訴求，以及「場內」/「場外」的多層次關係。「場內」對於「場外」從未真正構成組織化的指揮系統。這反而使參與者得以各自思索，怎樣才是對公眾有意義的參與形式。於是，我們有「百花齊放」的場外。他不是少數園丁刻意栽培的成果，而是自主生長的過程。大家各自在其中尋找感動自己的力量來源。其美麗程度，不下場內。

在其中一個層次，立院議場外迅速湧來的靜坐群眾在立院周遭形成了第一層的「場外」。此「場外」在運動初期有效地在物理上守護了「場內」的不被驅離。也在運動中後期發展出或許比起「場內」更多元的民主審議形式與文化參與形式。

接下來，在立院之外，源源不絕的物資與幫助，各界輿論的支持又構成另一層次的「場外」。守護了整個立院佔領行動的「正當性」。這層次的「場外」不比第一層次的「場外」來得不重要。反而，因為不能隨時親到現場，其「守護」的心情或許更為熱烈。於是，第二層次的「場外」，讓三一八佔領立法院的運動，在輿論與象徵的影響層面，大大超出了立法院周遭人身可及的物理範圍。我們要問，這樣大規模的「守護螺旋」如何發生？人們想守護的是什麼？

「守護希望」！或許，我們可以用這四個字代表許多複雜的情緒，即使這四個字遠遠不及我們感受的千分之一。或許，議場內外的學生也部分地象徵了「希望」。於是，守護希望成就了「守護學生」與「守護議場」。那麼，「希望」的內涵是什麼？

是對快速傾中政策的反動？是對服貿的擔憂？是對民主憲政與人權價值的守護？是對未來的想像？是對生存環境的檢討與期待？是對公義與人性尊嚴的堅持？是對公共政策必需資訊透明與公開審議的要求？

這些都對。但是還有更深層的什麼。好比，在一片沉默的黑暗中透出來的光。好比，在悶了許久之後，覺得自己可以抓到改變什麼的契機，做些什麼。

所以，希望或許可以說是「打開」了什麼。例如打開立院三十秒黑箱，打開服貿簽訂黑箱，打開代議政治大門。

「打開」需要行動，需要實踐，需要做些什麼。「打開」需要不只是冷漠觀看，不只是堅守遊戲規則，不只是活在私人世界的小確幸中。

於是，「太陽花」在機緣巧合下成為運動的象徵。當主流媒體都將重點放在「花」與「學生」的類比，而認為「學運」必須是純潔、守秩序、愛整潔，甚至必須是去政治化的時候，「真實的場外」正進行一場日常生活的「象徵革命」。

或許，「太陽」才是重點。太陽意味著「覺知力」、「自信」、「在社會團體中的自我尊嚴與覺察到他人尊嚴」、「實現夢想與承諾的力量」。在這些意義上，太陽象徵了「希望」。

是啊！當你看到現場的公民與學生們努力思索與嘗試各種可能性，反省自身的階級位置與論述霸權，努力將場子與麥克風向更沒有論述能力、站出來更辛苦的人們傳遞出去時，你知道他們正在實踐「真實的烏托邦」。這個烏托邦的確切意涵是「在社會團體中實踐自我尊嚴與覺察到他人尊嚴」。他們是有自信的，不怕遞出麥克風後失去權力。甚至，後來我們看到很多不使用麥克風，只是圍著坐下說說自己的故事。然後，彼此的故事相互交織著。是啊，什麼時候我們早已失去這樣的場合，告訴你自我與他人的尊嚴是重要的。是啊，唯有尊嚴才能帶來堅定的溫柔！

除了服貿爭議與程序黑箱外，或許，有個主旋律在這場三一八運動中一直隱而未顯。它是隱藏的主線，它是說不出的情緒，它也是服貿議題之外，吸引那麼多年輕人瞬間聚集、關注、情緒受牽引的原因。它使得許多本來沒有在關注服貿議題，或對此一知半解的年輕人，想在這場運動中獲得希望與出口。同時，這個主旋律也是「守護希望」訴求的情感來源之一。

那個隱藏的主旋律是什麼？

也許是年輕世代普遍被剝奪「有尊嚴生存」的處境！而他們認為，這個處境也許會隨著服貿的通過而更令人絕望。如果土地價格上漲、中小企業被收購是服貿通過後可以想見的，那麼，年輕人改變處境的機會是否又更低？起碼，這個影響台灣未來的重大決策，其過程並未充分納入他們的意見。即使年輕人才是未來台灣的主體。

年輕世代被剝奪不是因為競爭力不足。在這場運動中我們已經看到，他們擁有許多大人們相對欠缺的能力。架設網站、訊息傳播、民主審議的多元方式、社會募資、物資補給線的建立、社群的快速串連、設計與文化參與、最小嘗試成本的控制等等，這些能力的顯露，大大動搖了財團與媒體一直以來企圖建立的「草莓族」神話。所以，年輕人在佔領立法院的行動中看到了什麼？他們看到改變自己命運的機會，也看到自己的能力有被肯定的舞台。發出「自信」的光，我們看到「希望世代」。當然，運動終究會結束或轉進。當這些年輕人又回到他們本來的日常生活，他們要回去繼續「崩世代」嗎？還是有其他的可能性？

看見希望世代，或許更有力的陳述是，看見希望！

我們已經看見希望，如何不讓希望之光再度被遮蔽？即使眼看黑霧又將籠罩。

首先，三一八佔領立法院，這二十一天的經歷已經構成我們的「共同記憶」。這個記憶並不專屬某個世代，而是台灣社會的集體記憶。當然，集體記憶的形塑會受到主流媒體的影響。而在其中獲取商業利益最快的作法就是將其庸俗化、明星化與娛樂化。當然，各種勢力會來搶奪集體記憶的論述權與發言權。他們會希望這些記憶就是他們說得算。當然，政府會動用教育的利器，在各級教育中「定位」三一八運動。當然，有太多的當然都是我們再熟悉不過的了。

發揮想像力，然後努力地說吧。說故事本身就是種戰鬥！

我們說溫柔的故事，我們說各處現場發生的故事，我們說「無名者」的故事，我們說「無組織的組織」故事，我們說各種非正規參與形式的故事。然後我們說的故事會交織，會傳播，這一切就像我們在運動進行中，我們在各種「場內」與「場外」在做的事一樣。然後，我們期待這是個文化轉折，期待有什麼東西將會發酵，而我們會為了這個努力。然後，如同廖之韻在文中所寫「坐下／我們在這島嶼／有了根」。

本書的出版發想來自三一八佔領立法院行動的隔天，即三月十九日中午。我們招集了十多位公民記者，而他們幾乎也都是運動的參與者。他們在各個角落一邊參與，一邊記錄下自己的所思所見。這些內容完全都是第一手的經驗與採訪。有紀實，有故事，有情緒，偶爾真的有淚有血……除此之外，我們很感謝學術界、文化界、資訊與傳媒界、法律界各方人士的賜稿。我們都在各自的場內與場外，努力著。

本書的章節安排共分五個部分。

第一部分「從服貿爭議到佔領立法院」，交代運動始末與各種相關爭議。其中有兩篇是從香港觀點與法國觀點切入這場運動。

第二部分「多重現場直擊」，不只記錄運動領導者與學者們的言行，更想記錄「無名者」在這場「沒有組織的組織」裡的關鍵作用。總是要有人送水與食物，總是要有人架直播，總是要有人坐在外面形成人牆，總是要有人印製源源不絕的傳單。如果不彰顯「沒有組織」的那一面，很快地，這場運動就會被詮釋為少數組織與行動者的「意志行動」。然後會有英雄，而無名者又會再次消失於歷史的痕跡中。當然，現場之所以是「多重」，就在於總有些運動方向上的矛盾與調和，總有些前台與後台的微妙落差，也總有些世代關係的變與不變。

第三部分「科技與傳播參與」。有趣的是，「資訊科技」一文強調的是與上一代不同的變革之處。而在「台大新聞E論壇」總編輯的訪談稿中，成員們卻表示，他們只是忠實地把新聞專業的上課所學貫徹到底，包括新聞必須查證這件事。

第四部分「街頭民主」。公民憲政會議和人民議會是運動後期的兩大亮點。姑且不管在學理上，審議民主到底是自主性的直接民主，還是代議民主的補充。起碼，就在三一八之後的街頭，我們看到「街頭民主」的實際操練。不同於大多數的街頭論壇，以政策的審議與專家說明作為主要進行方式，我們發現，也有公民開始嘗試一種「無麥克風」、講求「記憶的民主」和「說故事技藝」的街頭民主形式。這裡的重點不是說給人家聽，而是傾聽、記錄和理解他人的故事。或者說，在說故事的過程中，相互形塑。也許，傾聽他人故事的街頭民主，更有助於「行動者網絡」的建立。即使運動結束，相互交織的故事不會結束。

第五部分「設計與文化參與－日常生活的革命」。在四月十號撤出議場前夕，一位在議場待了二十一天的同學表示：「議場是不真實的魔幻空間。」然而，在議場外的塗鴉牆上，我們也看到「只行動不說話」的真實佔領。到底何者才是「佔領立法院」行動的日常生活？或許兩者都是，或者，兩者的加總才是。日常生活總是有虛幻的一面與真實的一面，兩者交替顯露。日常生活的革命，一次革掉虛幻的命與真實的命。於是，我們把權力中樞的議場，變成每日吃喝拉撒睡的居所。於是，我們把街頭當成各種官方符號的戲仿馬戲團。日常生活的革命，建立一種上下顛倒的象徵表現形式。於是，想像的權力關係得以暫時懸擱，或許因此，我們才能真實的「佔領」。

# 從服貿爭議
# 到佔領立法院

攝影／誠葛格

# 革命的預感

文．許悔之（詩人）

慷慨歌燕市
從容作楚囚
引刀成一快
不負少年頭
大雨滂沱過後
站在濟南路上的我
就淚滿襟了

突然懂得青年汪精衛的心情
今晚，我看到精衛填海的悲壯

世間不平的海啊
讓一隻又一隻年輕的精衛鳥
把它填平！
把它填平！
明天，讓我們填平
凱達格蘭的海
用滿滿的無悔
用滿滿的愛

在革命的預感裡
明天，讓我們一起
慷慨歌燕市
不負少年頭

# 從ECFA到太陽花學運大事記

文‧王惠盈（圖書編輯）

國民黨立委強度闖山三十秒通過服貿、學生佔領立法院、三一八學運、街頭民主教室……新聞炒得沸沸揚揚，即使對政治新聞再怎麼冷感，也很難躲得過臉書分享文洗版、新聞頻道有如二十四小時聯播般的不斷報導，從服貿爭議到太陽花學運，不只是最熱門的話題，更將成為台灣歷史上重要的一頁；服貿的通過或修正與否，都將關乎著台灣的未來發展。無論對於整起事件的採取何種立場、態度，對此議題都有理解的必要。

在此，先將重要時間點整理如下，再針對重要議題細說：

二〇〇九年二月二十七日

- 馬英九總統接受新聞專訪，說明將推動與大陸簽署《兩岸經濟合作架構協議（即ECFA）》。

二〇一〇年六月二十九日

- 海基會董事長江丙坤率團前往重慶，進行第五次江陳會談，正式簽署ECFA。

二〇一〇年八月九日

・第八次江陳會談於台北圓山飯店舉行，雙方同意於服務貿易協議之開放項目與條文取得共識後，將簽署服貿協議。

二〇一三年六月二十一日

・第九次江陳會，海基、海協兩位於上海簽署服貿協議，並公布開放項目清單。

二〇一三年六月二十五日

・中國國民黨與民主進步黨朝野協商，同意強制逐條審查服貿協議並採表決通過，未經審查通過，協議不得啟動生效。

二〇一三年七月～二〇一四年三月十日期間

・朝野立委舉辦二十場公聽會，爭議不斷。

二〇一三年十二月二十六日

・內政委員會召委國民黨籍立委張慶忠排審一次服貿協議，依「一案一召委」慣例取得主導權。

二〇一四年三月十一日

・立法院院會，行政院長江宜樺面對民進黨立委蔡煌瑯質詢時表示立院　可針對服貿協議逐條審查，但無修改權。

二〇一四年三月十七日

• 立法院排案初次審理服貿協議，朝野雙方為搶攻主席台僵持不下，國民黨召委張慶忠以「服貿協議付委超過三個月，視為已審查」為由，於三十秒內逕行宣告初審已完成，全案將送院會存查；國民黨黨鞭林鴻池確認此決議，並預定於四月八日院會表決，引發在野黨與民間團體之不滿。

二〇一四年三月十八日

• 民進黨立委強勢杯葛服貿審查，佔領主席台讓議事無法進行，立法院院長王金平召集朝野協商，無法達成共識。

• 立院群賢樓前發起「為民主守夜」活動，抗議國民黨強行通過服貿之舉，晚上九點左右，以陳為廷、林飛帆為首的數百名學生衝入議場，半小時候，學生宣布佔領立院成功，主導行動的「黑色島國青年陣線」隨後於臉書發表《318 青年佔領立法院，反對黑箱服貿行動宣言》，學運開始。

二〇一四年三月十九日

• 凌晨起警方多次攻堅，但因學生人數眾多，加上民進黨、台聯黨立委阻擋而失敗，上午學生舉行記者會，提出「馬英九總統道歉、警察退出國會、行政院長江宜樺下台」三項訴求。當晚內政部表示沒有驅除學生的時間表，警政署長王卓鈞表示學生違法，但警力不宜直接進入國會。

二〇一四年三月二十日

• 學生領袖陳飛帆表示，馬英九總統應退回服貿，立院院長王金平也應到議場接受公民提問，若三月二十一日中午前未獲回應，將有下一波行動。

• 學運持續增溫，上百所大專院校師生及各界人士透過網路動員，前往現場靜坐或提供物資，聲援此次學運（其中有捐贈者送上千餘朵太陽花給學生打氣，故又稱為太陽花學運），立院抗爭現場人數由千餘人激增至二萬人；馬英九總統並未正面回應學生訴求。

二〇一四年三月二十一日

• 佔領立院的學生訂定守則，堅持非暴力抗爭，自發性維護秩序，期待馬英九總統的正面回應，但始終未能如願。

二〇一四年三月二十二日

• 行政院長江宜樺出面與學生對話，但未能承諾訴求，遭學生請回。學生指揮陳為廷表示，將抗爭到底，直到政府願意正面回應訴求。

二〇一四年三月二十三日

・馬英九總統召開中外記者會，表示未受北京壓力，並強調不會退回服貿。
・晚間，激進派學運成員突襲行政院。

二〇一四年三月二十四日

・警方六度強勢驅離，於凌晨清空行政院，多名抗議成員重傷，三十五人移送台北地檢偵辦。
・江揆否認暴力鎮壓，引起正反雙方爭論。
・立法院長王金平再度邀集朝野協商，仍無共識而破局。
・遭台北地檢署聲押，自稱是佔領行政院行動總指揮的清大學生魏揚，凌晨十二時由台北地院以無足夠證據為由，裁定無保請回。

二〇一四年三月二十五日

・多名網友發起「集資合購頭版廣告」活動，三小時內募得超過新台幣六百七十萬元資金，分別於台灣的《蘋果日報》、《自由時報》及美國的《紐約時報》購得廣告。
・學生代表要求訂定兩岸協議監督條例，馬英九總統首度表示願意在不預設前提下，邀請學生代表前往總統府對話；學生代表認為會面的形式與內容未有共識，且國民黨對兩岸協議監督機制的立法並為展現誠意，暫拒會談。

二〇一四年三月二十六日

• 馬英九總統再度表示願意與學生對話，並強調服貿協議的審查相當嚴格，絕非黑箱，學生代表林飛帆表示願意對話，但希望能確實感受到馬總統的誠意。

• 行政院方面證實日前的強制驅離行動為江宜樺院長下令，民進黨籍立委批評江揆應為血腥事件下台負責，晚間行政院朝開記者會澄清三月二十四日當天為柔性驅離。

二〇一四年三月二十七日

• 立法院長王金平的朝野協商三度破局。

• 學生代表林飛帆、陳為廷宣布，抗爭行動將持續擴大，號召三月三十日全民上凱道反服貿。

• 總統府發言人李佳霏表示民眾有表達意見的權利，但必須透過和平理性的方式，並再度強調馬總統與學生對話的意願。

二〇一四年三月二十八日

• 行政院長江宜樺召開記者會，表示不能重啟談判，不應先立法再審服貿，同時肯定警方於行政院的驅離行動中的表現，並希望集會遊行能和平落幕。

・朝野協商四度破局。

・台北地檢署追查行政院突襲行動的主嫌，傳喚許立到案，並另行約談陳廷豪。

・「反反服貿」陣營號召三月二十九日「康乃馨運動」，呼籲學生撤出立院，盡早返家。

・十一位大學校長與馬英九總統座談，建議府方與學生成立溝通平台，展開對話。

二〇一四年三月二十九日

・太陽花學運廣告於《紐約時報》刊出。

・「康乃馨行動」集會，與反服貿學生有零星口角。

・馬總統再度召開中外記者會，善意回應學運訴求，並重申無法退回服貿。

・林飛帆對馬總統的回應中無任何實質承諾感到相當失望，堅持三月三十日上凱道，並表示在訴求獲得回應前，學運不會停止。

二〇一四年三月三十日

・反黑箱服貿的群眾集結遊行，超過三十五萬名「黑衫軍」湧入凱道與周邊道路，同聲表達訴求。同日，反反服貿的「白衫軍」亦聚集於台北車站，欲與反服貿陣營對峙，但雙方人數懸殊，僅有零星口頭衝突。

・晚間七點半左右，凱道活動和平落幕，反服貿陣營群眾返回立院持續抗爭。
・總統府發言人轉述馬總統對於群眾理性的肯定，並再度呼籲群眾應早日撤出立院。

二〇一四年三月三十一日

・包括中華統一促進黨總裁白狼張安樂在內的支持服貿團體表示有取反制動作，將於四月一日發動遊行並前進立院。
・行政院發言人孫立群表示，四月三日將朝開「經貿國是會議」。
・檢警持續追查行政院佔領行動，陳廷豪以五萬元交保候傳。
・朝野協商五度破局。
・國民黨立委張慶忠為引發爭議道歉，黨鞭林鴻池請辭。

二〇一四年四月一日

・白狼張安樂率領支持服貿的群眾約二百人前往立院，與反服貿陣營對峙數小時後，表示已成功表達訴求，宣布撤離。
・馬英九總統接受，指出服貿有六大剎車機制，外界可以放心。
・台北地檢署表示，日前已受理民眾告發林飛帆、陳為廷、魏揚、賴中強等學運人士涉嫌恐嚇等罪嫌，正式分他字案偵辦。

二〇一四年四月二日

• 立委張慶忠將再度於內政委員會排審服貿，引發大批反對群眾聚集立院抗議；民進黨立委亦連夜佔領會議室，身為召委的張慶忠無法進入會議室，宣布會議破局。
• 馬英九總統於國民黨中常會時再度重申服貿利大於弊。

二〇一四年四月三日

• 內政委員會排審服貿協議，但由於民進黨立委反鎖大門，國民黨籍立委無法進入議場，主席張慶忠表示將擇期再審。
• 行政院院會通過政院版本「兩岸協議監督條例草案」，遭學生痛批毫無誠意。
• 國民黨秘書長曾永權發表七點聲明，肯定警察執法，譴責霸佔國會，呼籲學生盡早退場，要求王金平協助立院恢復運作。
• 行政院長江宜樺說明「經貿國是會議」將邀請各界團體代表，但並未提及學生團體。

二〇一四年四月四日

• 立法院院長王金平表示，學生強佔議會應動用警察權驅離純屬法制局意見，會努力協助化解僵局。
• 學生代表點名林鴻池、張慶忠、林德福、吳育昇為「四大寇」，呼籲選民強力施壓；

並率領群眾前往林鴻池選區發傳單抵制。

• 警方將強力攻堅立院消息傳出，行政院澄清。

二〇一四年四月五日

• 十七個工會團體共同聲援反服貿行動，將於五月一日勞動節遊行呼應此議題。

• 「割闌尾（藍委）計畫」發起，以罷免施壓國民黨籍立委。

• 鴻海企業董事長郭台銘傳出將赴立院與學生對話，但並未成行。

• 三場人民會議於濟南路召開，先後逾千人參與，會後整理出「人民議會意見書」，將送往立法院與行政院。

二〇一四年四月六日

• 立法院院長王金平進入議場探望學生，承諾「先立法，後協商」，聲明「在兩岸協議監督條例草案完成立法前，將不召集兩岸服務貿易協議相關黨團協商會議」。府方及部分藍營立委表示錯愕，學生代表則肯定王金平的承諾。

二〇一四年四月七日

• 學運決策核心研擬退場時機，表示佔領行動已完成階段性任務，議題取得了相當進展，預計於四月十日傍晚六點撤出議場，「轉守為攻，出關播種」。

## 一、為什麼會從 ECFA 談起？服貿跟 ECFA 有什麼關係？

ECFA 為《海峽兩岸經濟合作架構協議（Cross-Straits Economic Cooperation Framework Agreement）》的簡稱，是台灣與中國大陸的雙邊經貿協議。

二〇〇一年兩岸先後加入世界貿易組織（WTO），與成員國之間自由貿易、相互開放市場就成為將努力達成的經濟目標。但由於 WTO 內部各成員國的內部條件與產業有所差距，所以貿易自由的程度很可能不合乎預期，所以各國、各區域之間就各自協商出自由貿易協定（FTA），組成自由貿易區，讓彼此的貨品與服務互通，減少往來障礙。

礙於兩岸長期處於特殊關係之下，難以直接簽訂對等的國與國之間的 FTA，但又由於雙邊經濟往來緊密，所以不得不設法生出相對應的解決方案。二〇〇八年總統選舉時，馬英九於政見中提出將簽訂兩岸互惠的經貿協定；二〇〇九年一月起，國民黨與民間工商團體開始推動與對岸簽署綜合性經濟協約，以避免台實施《東盟十加三（東南亞國協+中、日、韓）經濟合作協定》後，台灣經濟遭邊緣化的危機。於二〇一〇年六月二十九日正式簽署 ECFA。

ECFA 條文涵蓋了貨品貿易、服務貿易的協商與早期收穫、建立投資保障、推行經濟合作、經貿爭議解決機制等等。ECFA 簽定後，依據第四條〈服務貿易〉和第八條〈服務貿易早期收穫〉，後續就有子協議《海峽兩岸服務貿易協議（簡稱「服貿協議」或「服貿」）》的出現。

三一八學運主張「退回服貿」的關鍵在於作業流程、簽署的時間點、開放的項目與後續效應，以及通過手段。即使學運訴求成功，亦僅能退回此次「黑箱服貿」。只要有ECFA，之後仍會再次簽署服貿協議。

（ECFA的作業流程與簽定亦有相當多爭議，但並非引發此次學運的直接主因，按下不表。）

## 二、張慶忠的三十秒到底合不合法？

《立法院職權行使法》第六十一條：「各委員會審查行政命令，應於院會交付審查後三個月內完成之；逾期未完成者，視為已經審查。但有特殊情形者，得經院會同意後展延，展延以一次為限。」

立委張慶忠即以此為據，在議事混亂之際，在短短三十秒內宣布通過服貿協議，成為整起學運的直接導火線。事實上，在立院以極短時間迅速通過法案的情況並不罕見，三十秒過關雖然並非常態，但也非獨一無二的特例，所以時間並非爭議的關鍵，真正的關鍵在於服貿協議是否能定義為「行政命令」？對此，反黑箱服貿陣營提出質疑：

（一）「行政命令」為行政機關單方面制定，而服貿協議則是由兩岸海基會、海協會雙方簽訂，在兩岸主權各自分立的情況下，顯然不符合此意涵。

（二）二〇一〇年審議 ECFA 時，國民黨方面曾表示 ECFA 是「準條約」，其下的服貿協議亦具有此性質，須經立院審議方能生效。

（三）此次服貿協議涉及範圍極廣，台灣對大陸的開放產業超過六十項，包含金融、醫療、社福、網路、運輸等等項目，影響範圍極大，並非行政命令所能涵蓋，須有完整的立法配套措施。

（四）二〇一三年六月二十五日立法院院會決議服貿協議內文應經立院逐條審查、表決，承諾表亦須逐項審查、表決，非採全案包裹方式表決，且未經立院審查通過，不得生效。既有此決議，不應出爾反爾。

（五）根據往例，服貿協議之前的兩岸協議於立院的審查作業，並未以行政命令處理，服貿也不應例外。

基於上述理由，立委張慶忠想在三十秒以行政命令帶過的手法，在程序上有相當明顯的瑕疵。事實上，由於兩岸的特殊關係，所簽訂的各項書面協議都有可能再發生類似的爭議，因此，制定《兩岸協議簽訂與監督條例》也成為此次學運的重要訴求之一。

## 三、反黑箱？反服貿？到底在反什麼？

從ECFA到服貿簽署，到三十秒闖關再到如火如荼的三一八學運，服貿協議對於台灣到底有沒有好處？為什麼總統與行政院都主張非簽不可？又或者到底有甚麼問題？讓成千上萬的學生、學者與社會人士願意連夜露宿，不辭辛勞投入反對運動？

### （一）服貿對台灣有什麼好處？

根據行政院《兩岸服務貿易協議問答集》指出，服貿協議能有效提升兩岸經貿關係，對日後台灣經濟融入區域整合（如「跨太平洋戰略經濟夥伴協定（TPP）、「區域全面經濟夥伴協定（RCEP）」等」）有甚大助益，能帶來多項正面影響，包括：

1 協助國內業者進軍大陸服務業市場。

2 落實「壯大台灣、連結亞太、布局全球」的政策目標。

3 營造台灣經濟貿易國際化的環境，有利於加速簽署TPP、RCEP等區域整合經濟協定。

4 具體提升ECFA效益。

5 增加服務業的就業需求，提升相關產業的就業率。

6 台灣爭取到包括電子商務、資訊服務、線上遊戲、展覽、文創、旅遊、運輸、金融等多項重點產業在對岸更為開放的投資環境。

當然台灣也承諾開放多項商業服務，對於相關產業也有相當程度的影響，但經過評估後，可知衝擊有限，效益廣大，整體而言，利大於弊，有助提升台灣競爭力。

**(二)「黑箱服貿」？到底是怎麼個黑法？**

台灣處於經濟全球化且加入 WTO 的時代，與各國簽訂產業開放協議為必然之趨勢，即便面對政經關係微妙的對岸亦不例外，從 ECFA 到現在爭執不休的服貿協議，抑或是尚未簽訂的貨貿協議，都是可預見發展。然而，為何今時服貿協議會引起如此大的爭論？關鍵在於公部門瑕疵重重的作業流程，以及對於簽署後的負面效應的忽視，使服貿協議有嚴重黑箱的嫌疑，致使群眾有強烈的不安感，造成大規模的反對運動。以下分析「黑箱服貿」之所以「黑」的關鍵：

1 經濟部表示，服貿協議在簽訂之前曾於立院做過三次專案報告，談判期間，主管機關基於保密原則，也曾進行小型、非公開式的座談或業者意見徵詢。然而，學運爆發後，經濟部次長卓士昭於接受專訪時表示，產業溝通確實有所不足，但不影響衝擊評估的完整性。一個流程不透明，事前溝通不確實的重大協議，讓人民有所懷疑也是理所當然。

2 行政院長江宜樺表示，簽署服貿協議後，經濟部、陸委會召開超過基層說明會，但目前為止並未見到公開紀錄。

3從二〇一三年七月三十一日開始，國、民兩黨立委共召開了二十場公聽會，其中國民黨立委江啟臣於七月三十一日、八月一日共舉辦四場，立委張慶忠於九月三十日到十月七日共舉辦八場公聽會；民進黨籍立委段宜康於十月二十四日到二〇一四年三月十日舉辦八場公聽會。半數以上公聽會的時間有過度倉促的疑慮，公民團體也表示公聽會大多以政令宣傳的方式進行，難有實質溝通，反對意見也未得到官方具體回應。

4依照國際慣例，簽訂自由貿易協議時，通常都由貨物流通，較少牽涉人員流動的貨物貿易（貨貿）先行，或貨貿與服貿同時簽訂。以中國大陸的對外貿易協議為例，有十一項為兩者同時簽訂，唯獨台灣是先簽服貿，再簽貨貿的特例。

5服貿協議中雙方跨境服務不對等，大陸可大量跨境提供台灣服務，台灣則難以跨境提供大陸服務。

6協議中的「自然人呈現」名義上雖非投資移民且門檻極高，但實際上仍有漏洞可鑽，仍有大陸人可投資移民台灣的疑慮。

7台灣雖僅開放六十四個項目，數據看似較少，但涉及的層面極廣，包括商業、金融、通訊、建築、環保、旅遊、文化、運輸、社服等層面，加上雙方經濟規模的懸殊，稍有不慎，極可能造成中資入侵的嚴重後果。

8台灣開放的產業項目中，有多項將涉及國土安全及民眾個人隱私（如二類電信、港埠碼頭、機場、橋樑隧道的管理、科學技術有關的顧問服務等等），顧及雙方仍有一定程度的敵對立場，開放這些項目實有不妥。

9台灣大多數的開放項目中，規定陸資股權上限為百分之五十，但商業實務上，只要百分之三十股權以上即能掌握主導權；在台灣中小企業居多的情況下，多項產業的主導權將有逐步流失的危機。

10文化出版事業中，台灣開放了印刷與零售通路，雖然大陸也開放相關項目，但兩邊資本規模相差懸殊（台灣出版業者以中小企業為主，大陸則以國營企業為主），對於言論控管的程度亦不可相比，一旦陸資大舉進軍台灣出版業，將對言論自由造成難以挽回的傷害。

11台灣受惠於服貿者，主要為大型財團，而潛在受害者則為中小企業。台灣的服務業超過九成為中小企業，日後極可能難以承受衝擊。

12對於中共統戰手法的疑慮：多年來，中共始終將台灣視為自身的一部份，在兩岸經貿互動頻密，武力犯台機率降低的情況下，服貿所聲稱的讓利也好，或是龐大資本買下台灣也好，都是很有可能發生的情況，不能不提防。

兩岸經濟開放是必然的趨勢，簽署貿易協議也是立意良善，但國家安全、民眾隱私、言論自由等更根本的關鍵應該遠優先於商業利益，即使不得不有所妥協、犧牲，也應有更完整的評估與配套，同時也應讓公民參與討論，才是讓台灣更好的良方。

## （三）學運的訴求

基於服貿協議簽署的流程，強行闖關的嚴重瑕疵，以及內容方面種種思慮不周之處，學運提出四大訴求：

1 退回服貿：由於當前的「逐條審查」亦只能審而不能修，在執政的國民黨有人數優勢且挾帶黨紀處分之下，此版本的黑箱服貿過關只是遲早的問題，所以必須退回，比照他國簽訂FTA的經驗，重啟談判。

2 召開公民憲政會議：由公民團體與學生為主體進行，討論議題包括憲政體制、兩岸關係、現行政治體制、兩岸關係、社會正義與基本人權等領域，其會議結論應有拘束力，將交由體制內管道加以落實。

3 完成兩岸協議監督法規：由於兩岸的特殊政經關係，日後很可能會再有類似的情況發生，讓未來兩岸之間的所有協議都能有完整的監督法源。

4 完成兩岸監督協議法規之前，不得再與對岸簽訂任何協議。

## 四、除了服貿之外，年輕人到底在反什麼？

有反服貿的聲音，當然就有反反服貿的聲音，在眾多反反服貿的聲音論述裡，有一項是質疑為何當台灣與其他國家簽訂自由貿易協定時沒有人出來反對，唯獨對於與中國簽訂的服貿卻如此大力反彈？是害怕競爭還是逢中必反？這是相當值得深思的話題：以服貿的複雜度而言，要說整個學運的參與者（無論學生也好，社會人士也罷）都因為十分了解服貿而起身反對，實在有些不切實際，說到底，第一線在立院內外堅守不去，或是後方源源不絕地挹注物資的群眾所反抗的對象與堅持的理由，絕對不只是服貿協議而已，而是一種更深層的渴求所產生的意志：

### （一）反中？為何而反？

「逢中必反」是台灣政治論戰中常出現的語彙，描述一種極端不理性的反中態度。除了用於謾罵、職責之外，也許可以更深一層思考為何會有逢中必反的現象產生？所謂的逢中必反，反的未必是文化認同上的中國，而是中共政權，一個專制獨裁，管制言論；一個在經濟上與台灣往來頻密，但又在各種國際組織、場合上打壓台灣，同時又想併吞台灣的的政權，台灣人民有所反感也是必然的。而服貿協議雖然以經濟為核心，但難以與政治完全切割，再加上前述種種缺失，會引起反對聲浪其實並不令人意外。另一方面看，反服貿者未必等同於認同台獨，或者可以這樣理解泛藍或統派的反服貿者：認同中華文化是一回事，認同中共政權又是另一回事；認為自己是中國人，但不代表想與中共統一。

## （二）對於政治、經濟的徹底失望，憤而起身反抗

參與反服貿運動者，多半生於民國七十年之後，所身處的是思想較為民主開放，但政治、經濟環境卻相當令人近乎絕望的時代：工時不斷拉長，物價不斷飆漲，薪資卻不見成長，甚至還倒退的大環境，絕大多數的資源被掌握在前一輩人的手中，貧富差距愈拉愈大，青年人前景灰暗，還要被指責為無法承受壓力的草莓族，加上顢頇無能的政府，讓這種危機感更深；而服貿正式生效之後，如此困境只會有增無減。當這群人覺醒到既得利益者不會維護注定被犧牲的自己後，也唯有起身反抗、改變，為自身前途創造新的可能性。

# 佔領立法院之前

文・李金蓮（文字勞工）

二〇一三年七月，我和幾位朋友，參與大塊文化公司董事長郝明義先生發起的「《兩岸服貿協議》對台灣出版及閱讀生態的影響：調查採訪及公聽會綜合報告」的訪談，我在其中負責印刷業組。在此，我以從事過新聞工作的身分，記實性的寫下我經歷的過程。

時間往前回溯。

二〇一三年六月十二日，傾中媒體《旺報》首先披露印刷業納入服貿協議，當時各界對服貿協議的內容與簽署的時間進程，可謂一無所知。

六月十七日，郝明義（時任總統府國策顧問）致函總統府、行政院、文化部、經濟部、陸委會等單位，表達擔心出版業遭受影響，但未獲回應。

六月十九日，郝明義緊急發表〈我們剩下不到二十四小時〉一文。次日，並在遠流出版公司董事長王榮文陪同下，於立法院民進黨團辦公室舉行記者會。當晚，總統府安排政務委員薛琦與郝明義通電話，但兩人未有交集。

六月二十一日，郝明義再發布第二封公開信〈現在是六月二十一日早上八點十五分〉，呼籲總統及時攔止。但這一天，中台雙方代表在上海正式簽署《兩岸服貿協議》。

此期間，台大經濟系主任鄭秀玲，因讀到郝明義的兩篇文章，基於經濟專業的職責，立刻與學生通力展開研讀與分析，赫然發現服貿協議對台灣庶民產業傷害極深，於是率先提出學者觀點，參與反服貿行列。此後，美容、印刷等產業紛紛表達其憂心，民間的抗議陸續展開。

以出版的周邊產業而言，納入服貿開放的是印刷、零售（書店）、物流（發行），出版業夾在其中，必然受到影響。但服貿協議簽署前，政府並未進行產業調查及影響評估，於是，郝明義特成立調查訪談小組，分成：印刷業、發行與零售業、出版與雜誌業三組，擬定題綱，分別訪談該領域專業人士，政府不做，就由民間自己來做。並於七月十四日舉行公聽會。訪談和公聽會的內容彙整後印製成紙本，寄交上述提到的各相關政府部門。

由上述過程可以看到，政府去簽了一個對各行各業影響深遠的協定回來，但各行各業卻完全不知道這件嚴重影響自身之事。（我讀到一則報導，政府委託中國生產力中心進行調查，事後，受訪者和中國生產力中心皆表示，訪問當時完全不知道有服貿協議這件事，而是初步意見的徵詢，譬如「是否贊同開放」之類的問項）

在調查採訪中，我和印刷業有許多接觸。主管印刷業的經濟部工業局，態度還算積極（相對文化部來說），他們立即全台舉辦說明會（也可以說是摸頭會），由局長親自主持，收集業者意見，著手進行簽署協議後的補救措施。同時承諾政府已編列九百八十餘億經費，進行受影響產業的補助和輔導。

不過，據我觀察，官方能做的大多是釋放預算。印刷業有一個官民共組的基金會，官方預算會下到這個基金會（或各地工會），其親近官方的色彩，不言可喻。由這些組織進行業者的轉型輔導，如果只是舉辦課程、演講，效果能有多大？

另外，文化部官員保證，在經濟部投審會的中資投資案審查中，文化部會指派高級官員與會，若有不當，一定會投下反對票。但我們需要的是法令的保障，像這類空談的保證，如果哪位官員肚子痛沒有出席投審會議，是否就私闖過關？

我訪問一位小型印刷廠的老闆（兩台輪轉機），她跟我說：「要我們轉型，但是轉型很不容易，一台輪轉機要上億元，銀行碰到我們這種小印刷廠，根本不肯貸款給我們。」這句話，即使訪查結束，仍不斷在我耳邊迴轉，不敢或忘，不敢因為忘卻、而致失去同情同理之心。（話說，日劇就是厲害，半澤直樹講的不就是這個）

三月十七日，國民黨籍立委張慶忠突襲式通過服貿協議，撕毀「逐條討論、實質審議」

的朝野協商後，引發大規模學潮。但其實，學潮並非突發，在郝明義發出第一聲後，民間學者專家、學生團體，陸續以研究、讀書會、工作坊等方式，不斷提出服貿的疑慮，可惜政府並未傾聽與採納。在民意壓力下立法院舉辦的公聽會，竟也淪為政府的藉口（我們沒有黑箱喔，我們辦了二十幾場公聽會）。在所有文明的對話溝通行不通之後，學生終於走上街頭。當政府拒絕接受民意的檢驗，不服從乃是不得已、也具有正當性的最後一擊。

於我個人而言，強調市場競爭可以帶來榮景，無法競爭就淘汰乃理所當然這一派的自由經濟論，太過簡化，也太殘忍。在《田裡的魔法師：西瓜大王陳文郁》一書中，這位已過世的農業專家陳文郁，不斷研究西瓜的改良，一生培育出二百多個西瓜品種，除了專注於研究發明，他也走入田間，一家一戶地去說服農民，解除農民的疑慮，採用他培育的新品種，官民一起拚出經濟。

政府不能輕易放棄人民，這是我的信念。

# 一場忘了野百合的學運

文・何明修（台大社會學系教授）

如果你去了一趟被學生佔領的立法院，你肯定不會認為這是一場已經造成憲政危機的反政府示威。從濟南路、中山南路、青島東路繞一圈，看到許多不同場次的活動：大學教授講授貿易自由化帶來的社會衝擊、NGO人員宣揚各種社會倡議的理念、反對黨領袖批評馬英九倒行逆施，也有生嫩的大學生分享自己第一次走上街頭的心得。

與我同行的好友提出他們獨特的觀察。郭國文曾參與二十四年前野百合學運，現在是台南市議員，他認為這場學運好像是廟宇的迎神賽會，有不同攤的陣頭、戲劇表演，相互拚場爭面子。張之豪是五年前野草莓學運的領袖，他認為更貼切的比喻是野台開唱，只要買了一張門票，就可以聽不同場次的樂團。

無論是宗教節慶，亦或是搖滾音樂會，這場國際關注的學生抗議就是無法令人聯想到一九九〇年抗議國民大會濫權的野百合學運，亦或是二〇〇八年抗議陳雲林訪台期間人權侵犯的野草莓學運，儘管其導火線有高度的相似性。

有三個主要的不同之處。首先，你看不到一條區隔學生與市民的糾察線，學生證也不再是某種通行許可的文件。事實上，十八日當晚衝入立法院議場時，除了帶頭的學生之外，還有NGO成員、公民記者等人士。運動的主導權還是學生手上，只不過他們變得更有自信了，不再需要用學生身分來保持自身的「純潔性」。學生不再排斥其他社會群體，而是有能力來領導政黨與NGO。

其次，好幾百位學生自發從事志工服務，他們熱心地發放保暖衣、礦泉水等物資，引導人潮動線。在一些不容易看到的角落，你會發現他們彎著腰，默默地進行資源分類與回收。我彷彿是看到莫拉克風災時，大學生集體投入救援的場面。事實上，對這一群以奉獻心態來參與的學生而言，黑箱立法的服貿就是一場國難。他們或許沒有林飛帆、陳為廷等人的膽識與口條，但這就是他們最真誠的共赴國難的方式。

最後，「自己國家自己救」這句救國團時代的口號意外地成為這場學運最動人的訴求。在以往，這種口號是說，即使你不能投票選總統，你還是要愛國、效忠領袖。年輕一代的學生沒有經歷那個荒唐的年代，但是當他們發現一項攸關自己前途的經濟協定，就這樣草率地審查，那麼就再也沒有不站出來反抗的理由了。很明顯，這一群學生已經不再背負著歷史的陰影。當野百合學運佔領中正廟廣場，前一年坦克車血流天安門廣場的記憶仍揮之不去，誰也不知道當時保守派會不會乘勢再度戒嚴。野草莓學運也是處於類似的夢魘，當時保守政權復辟不久，「戒嚴傳統全新體驗」是令人擔心的演變。

最可笑的是，當我們學生都漸漸遺忘那些沉重的歷史，政治人物與某些媒體卻仍停格在四分之一世紀之前。他們用來攻訐學運的招式，不外乎是抹黑（學生是暴民），抹綠（學生是被民進黨煽動），要不然就是叫一些流氓混混來滋事生非。這些老梗之所以紛紛出籠，原因正在於學運不斷地帶動台灣民主化，這正是反動派難以抹平的心頭創傷。

馬克思指出，一八四八年法國革命中左派之所以失敗，在於一直忘不了之前的經驗。在整個局勢都已經改變的情況下，他們試圖扮演以往的角色、採取相同的策略。因此，馬克思才說，歷史第一次是悲劇，第二次就會是鬧劇。就這一點而言，遺忘了野百合與野草莓的學運，將非常可能為台灣帶來完全不同的歷史格局。

攝影／Veronic

# 新聞記者的現場直播

文．郭岱軒／小直人（東森新聞記者）

三月十九日，清晨七點三分，在被窩中接到來自新聞室長官的來電「快點來上班」。這罕見的晨喚催促著我，一邊盥洗一邊打開新聞台惡補，原來昨夜學生們闖進了立法院的議場。似曾相似的影像，同樣在三月，繼承自一九九〇年那場「野百合學運」的革命靈魂，「太陽花學運」在二〇一四年自然綻放。來自全台灣，南自成大、中部靜宜、北部台大、政大、清大都有教授走出校園，鼓勵學生上街頭，因為這堂「民主課」不容缺席。

和攝影抵達立法院時，第一次不用換證，輕鬆的沿鎮江街側門，走進議場後方福利社，那時支援警員正在整隊，蛇籠也已經拉好，剩下好幾具張牙舞爪的拒馬還在調整位置，要以螺絲緊緊鎖至柏油路面。立法院亂糟糟的景象也非一兩天，只是這回佔領議場的不是立委，而是反服貿的學生或民眾。十九號凌晨四點，有玻璃被砸碎，桌椅被搬移，外牆上也有塗鴉噴漆，甚至有人以血書，畫了一顆極具諷刺性的愛心。

太陽花花語，象徵「勇敢的去追求自己想要的幸福」。當我坐下來和群賢樓外頭的學生攀談，他來自台南成功大學，和我名字一樣有個「軒」字，他清楚知道，通過服貿不符程序，也知道服貿可能對他的未來有所影響，他自發隻身來到以往只在電視上看得到的立法院，因為他想要的幸福，被人畫上了問號。

反服貿學生與民眾在立院周圍、群賢樓、青島東路上聚集越來越多，往中山南路和林森南路溢滿。主戰場也就是立法院議場內，活動領袖管控著人數，因為空調電源都被切斷，場內人多悶熱、室溫不斷上升，這樣的氣氛比原本警民對峙、風雨欲來，更令人窒息。在外場的我，穿梭議場周邊，走廊上看著一張張年輕的臉孔，有些人帶著初次參與歷史性時刻的興奮，也有憤怒、徬徨的神情。「這艘船不能沉」於是學生們咬著牙撐，天氣從悶熱變得寒冷，隔天的清晨甚至下起雨來，也沒能澆淋他們的熱情。

我的採訪任務是觀察，了解抗爭對立法院正常委員會進行的影響。不消說，一早就全取消了，官員們從警察築成的人牆離開立院，留在那裡的人，除了員警、新聞從業人員，就是大批的群眾。警盾形成的界線涇渭分明，學生累了倒臥、也有滑手機、打撲克牌、看參考書打發時間的，場內的學生站在王金平敲槌通過法案的主席台發號司令，預備著接下來可能面臨的警方攻堅、抬人，他們手勾著手，在備詢台與委員席間的空地，像在交織一塊防護網，不僅要避免被擊潰、也要奮力保護他們所在的土地—台灣。

入夜，我接手現場連線，位置就在青島東路側門內側的停車場，我站的地方，被一輛BMW和高級休旅車包夾，這條縫隙裡還塞了個中山女高生、兩名大同大學工業設計系的大四生，他們都是貨真價實的學生，沒人動員、純屬自發性，他們純粹關心服貿並用身體力行。

中山女高生剛考完高三段考，制服都還沒換就往立院跑，令我汗顏的是，她對服貿的認識，甚至超過我。他們不是媒體形容的「盲從」被操弄。她知道該站出來，儘管力量渺小。如果看過電影《曼德拉》，曼德拉會把手掌打開說道：你是食指、我是拇指、他是中指，我們分開來看，均微不足道，但握緊拳頭團結，就能展現力量。

中華民國的國旗被升起，以塔羅牌中倒吊者的姿態，他們說那是「國家有難」的象徵，面對敵人卻示弱投降。在服貿簽署後，以粗暴的方式通過，強迫人民接受，似乎格外應景。倒掛的旗下，沒有特意架設舞台，而是以聚光燈照射著議場側門。大學教授們、有經驗的社運團體領袖和議場內傳遞訊息的學生，輪番在這個臨時又克難的「民主講堂」，除了像「前線救援」般，向場外徵求物資，要立院開電源、開空調，同時也如翻譯古文般地，反覆闡述「服貿」是什麼？雖然這形式有些像在討論形而上的玄學，但追根究柢，這政府並沒讓民眾真正理解協定內容與實質影響。

有人形容學生是暴民，不可理喻，我不盡認同。當中研院副研究員吳叡人，對著議場比出「中指」和下台手勢，那是對政治的無聲的唾棄，並贏得台下學生歡呼喝采。他們激情，但並非不理性。那晚，有十餘名機車族，從中山南路沿著青島東路，橫衝直撞並長鳴喇叭，他們衝撞學生、人群，甚至亮刀威脅，拳腳相向，但我耳裡聽到的是，此起彼落的「和平」、「和平」、「不要動粗」。這些挑釁很難受，但他們選擇忍耐、自制，因為學生運動，需要來自社會的支持與認同。

這場抗爭，在此時此刻，如同熬夜的我，心中感覺是如此漫長，但現場的學生和群眾，等待的是黑夜過去，黎明曙光將至，儘管迎接朝陽前，得忍受著寒風沁心與傾盆大雨，他們的眼光，始終朝向陽光與希望，如同太陽花一樣。

# 太陽花學運對台灣和香港的啟示

文．桑普（政治評論人、律師、台大法律系畢業、現居香港）

「佔領立法院」的「太陽花學運」以來，「反服貿」的台灣人民呼聲響徹雲霄。許多群眾、學者、藝人積極響應學生的非暴力抗爭和「公民不服從」行動，紛紛鼓勵支持，甚至發動聯署聲援，跟學生們持續包圍立法院，並且持續向政府施壓。不少來自香港和澳門的學生、藝人也親身參與或上網聲援，無懼中共及其輿論排山倒海的封殺壓力。及至二十三日，由於總統馬英九不理會學生的會面要求，而且行政院長江宜樺明確拒絕撤回服貿，導致局勢全面升級，部分群眾更實行「佔領行政院」，最後國民黨政府在二十四日凌晨出動警察以棍棒、盾牌和水車等六波攻堅武力鎮壓，抬走群眾，逮捕羈押，逾百人受傷，有人更血流披面，令人對違反必要原則與比例原則的國家暴力深感憤怒。及後，當局態度逐步軟化。二十九日，馬英九總統終於表態支持訂立兩岸協議監督條例，但仍拒絕撤回服貿協議。三十日下午，台北市凱達格蘭大道上群眾集會示威，堅持反對服貿協議。截至脫稿為止，學運尚未成功，群眾仍需努力。不屈不撓，持續抗爭，前仆後繼，有望成功。

綜觀整個學運，其實有兩大抗爭焦點：反黑箱、反服貿。

「反黑箱」涉及程序公義。海基會與海協會秘密訂約，缺乏立法院與台灣公民的監督空間。簽約前，協議內容缺乏充分的公民商議過程和深入專業分析，尤其是涉及印刷業、批發零售業、美容美髮業、廣告服務業、洗衣業、第二類電信產業、殯葬業等十八項產業。簽約後，當局舉辦的公聽會照本宣科，行禮如儀，禁改協議半字。當局更加莫名其妙地把兩會協議視為行政命令，逕送立法院備查，於法無據。在議場混亂狀態下，國民黨立法院黨鞭張慶忠竟然用三十秒時間草率宣告備查。當權者漠視兩會協議如果涉及修改法律應送立法院審議的明確法律規定，然後在學運壓力下，當局突然改備查為審議，同意逐條審議和逐條表決，但堅持在立法院院會審議和表決，拒絕送回聯席委員會，當然也拒絕撤案。及至學運壓力增強，「張慶忠的三十秒」宣佈內容卻突然在立法院公報上消失，換上一句「現場一片混亂」作結，那三十秒闖關發言在文字記錄中完全被刪除，等於變相為退回委員會審查開綠燈。後來國民黨正式同意退回委員會逐條審查，但又竟然在朝野協商會議上堅持「民進黨要簽字同意不阻撓」這項形同強暴脅迫的無理條件。及至三月二十九日，馬英九總統終於同意推動兩岸協議監督立法，但仍然堅持拒絕撤回服貿協議。盱衡全局，足見整個服貿協議操作程序始於黑箱，終於混亂。無論如何，執政當局拋棄程序公義，專斷自欺欺人，冷對公民不滿，至今尚未表示任何歉意，令人憤慨。

「反服貿」則涉及實體公義。儘管在全球化的大環境下，中共早已可以直接或間接通過第三地投資台灣服務產業，或者實際上通過互聯網向台灣人民提供服務（例如淘寶網等），反之亦然，但至少服貿協議加劇了這個趨勢，讓中共進入台灣本土各大服務產業更加名正言順、直接、全面、廣泛、深入。

在經濟層面，服貿協議美其名是為了促進兩岸自由經濟發展，實際上卻是大開台灣中門，讓中共黨國資本與權貴資本得以加速直接撲向台灣各大服務產業，讓台灣經濟地位急速「澎湖化」。中共一方面逐步吸走台灣的人才、技術、資金，另一方面進一步拉高台灣的地價和物價。商賈得利與市井失利恐怕輕重失衡，錦上添花與雪中竊炭更加反差顯然。為了富人的賬面增值，出賣大量平民的工作、機會、希望，顯然毫無道理。自由經濟的涓滴效應尚未出現，台灣社會的創業空間已經攤薄，長此以往，附庸對岸，如患毒癮，難望戒除。

在外交層面，馬英九政府的一貫立場是：如果不跟中共交好，繼而簽署 ECFA、服貿、貨貿，台灣將會被邊緣化，無法再跟他國簽訂貿易協議。其實，馬英九好應想一下：蔣經國、李國鼎、孫運璿、李登輝分別能夠在退出了聯合國後「被邊緣化」的台灣土地上做得到的事情，為何他做不到。產業升級，厚培國本，不能也？不為也？時也？命也？無能也？最可笑的是，他曲線宣示：台灣與他國另簽協議的「現實核准權」或「現實否決權」必須取決於中共政權的意向。身為台灣總統，狀無愧色，難道不羞恥嗎？面對中共的文攻武嚇，如果台灣笑臉配合，統戰、滲透、分化只會不斷加劇；反之，如果台灣無畏強權，顧全自尊，據理力爭，聯美抗中，不失自主，中共文攻不成，只能武嚇，但也僅止於武嚇，因為中共此時此刻根本沒有必要、勇氣、能力去武力攻打台灣。這正是現實的國際大局。現在台灣跟中國的服貿協議還未生效，就已經分別能夠跟新加坡、日本、紐西蘭簽署貿易協定，既然已經得到了一定「甜頭」，那麼台灣大可以在ECFA和RCEP的「中國戰線」上策略性暫緩或選擇性退卻，借太陽花學運之力來一招「華麗轉身」，一如李登輝一九九〇年借野百合學運之力來「修理國民黨」和「促進民主化」，手段靈巧精妙，目標合情合理。繼而，台灣可以在TPP的「美國戰線」上大展鴻圖，聯美聯日聯合友邦，深耕環太平洋，遠交歐盟美洲，拓展國際空間，無懼中共威嚇，善用政治智慧，厚培經濟支柱，突顯台灣國格。此路實則棄正行邪，最後只是等待台灣何年何日出現另一個鄭克塽而已，殊感憤慨。

在政治層面，坊間論述大多集中討論台灣經濟如何被中共踐踏，但較少探討另一個更基本的問題：中共會否借服貿協議（以及ECFA框架下其他協議）統戰、滲透、赤化台灣？放眼歷史現實，答案相當簡單：會！畢竟，服貿議題不僅是一個經濟議題，更是一個跟台灣生死攸關的政治議題。在此，中共針對香港的赤化歷程很值得稍作回顧。在港英年代，中共不能在香港打正旗號公開活動（正如現在中共不能在台灣正式組黨參政一樣），因此在國共內戰結束後大舉培植「香港地下黨」。這些地下黨員都是潛伏的間諜，一方面滲入港英政府高層（例如被驅逐出境的前香港警隊助理警司曾昭科等），另一方面建構許多聯誼組織、學生組織（例如地下共青團員、後來的支聯會領袖司徒華當年曾經參與的學友社）、工人組織（例如緊跟文革發動香港六七暴動的工聯會）、同鄉會、興趣班。地下黨員定期秘密向上級（港澳工委）匯報，很多黨員採用單線領導，全部黨員發誓絕不披露自己的黨員身分。香港一九九七年「回歸中國」之後，地下黨員繼續被禁止公開自己的黨員身分，就連地下黨員特首梁振英也堅決否認自己的黨員身分。時至今日，香港逐步赤化，已陷深淵邊緣。對於台灣，中共又怎會放過？中共極可能早已在台灣展開「台灣地下黨」的滲透部署。各大政黨、商會、社團都極可能發現地下黨員的身影。（附帶一提，日治時期的台灣共產黨以及謝雪紅等台共黨員已成歷史名詞，跟今天的「台灣地下黨」完全是兩回事。）一旦服貿協議正式生效，由於台灣大舉開放許多本地服務產業讓中國企業直接來到台灣獨資或合資經營，中共的地下黨員就可以大舉進入台灣滲透，先設企業，再佈據點（中共稱之為「蹲點」），然後花數年時間建立人際關係網絡，隱藏他們自己的地下黨員身分，同時招攬更多人士秘密入黨。這些「據點」可以是美容院、理髮廳、維修廠、印刷廠、殯儀館等社區內日常處所。這些隱藏身分的黨員可以比全國里長人數還要多，不但可以很親民，很熱心，而且可以很慷慨（因為有中共幕後資金奧援）。他們平日不會表露任何強烈的政治立場，但在選舉等關鍵時刻就會跟他們的支持者和鄉親們「曉以大義」，然後逐步赤化台灣。由此可見，服貿協議正是地下黨員發展的集結號，服務場所正是地下黨員活動的情報站和工作坊。一旦服貿協議正式生效，赤化紅潮必將加速滲透，俟數年後當大家猛然醒覺，一切為時已晚。睽諸香港被赤化的歷史教訓，台灣政府是否還要繼續愚昧和逃避，是否還要指稱上述警示全屬危言聳聽？台灣人民是否還要沉默和昏睡，不去面對和了解中共的組織和文宣攻略，以及恐怖的地下黨組織？目前的台灣政府既沒有面對與回應學運訴求的智慧，也沒有克盡嚴格督促警察當晚在行政院非暴力清場的責任，還會真有能力防止中共地下黨員滲透嗎？筆者絕不樂觀。

以上是筆者對這次台灣學運兩大抗爭焦點的分析和引申思考。換個角度，從香港的觀點出發，這次學運對香港目前的政治處境，實有相當重要的啟示。

一、勇氣：在「公民不服從」的框架下，要有一群敢於違法以成全公義的學生和群眾，全程堅守非暴力原則，才有今天台灣的「佔領立法院」行動，嘗試扭轉代議民主體制下無法有效處理的危機。需知道，學生們的學業、工作、前途、希望都很有可能因為這次行動而在未來日子受到不利影響，但他們依然有「大無畏」的勇氣，不會斤斤計較個人利害得失，不會精細考慮所謂「私利與公義的利益衡量」。假，就說是假，錯，就說是錯，從來不需要問這樣說出來對自己有甚麼即時好處、利益。能說真話只是擁有自由，說出真話才是行使自由。有自由而不行使，自由就會點滴流失。何謂言論自由，本質莫過於此。今天的陳為廷、林飛帆、魏揚，以及一眾學生們絕對不是在香港被俗稱「醒目仔」、「世界仔」、「有奶便是娘」的賺錢動物，而是擁有「大智慧」的勇敢義士。畢竟，有智有仁而無勇，找一堆藉口保持沉默，發點牢騷，然後歸零，在香港大有人在。在香港，許多人會問：遊行示威集會抗爭「有用咩（有用嗎）」？「對我有乜着數（對我有甚麼好處）」？如此不喜歡現狀，「仲唔走（還不離開香港）」？在台灣，這些都是廢話、屁話、蠢話，說出來是丟臉的，但在香港卻竟然大有市場。於是這些人會找出一大堆「顧左右而言他」的藉口來搪塞：「我家裡有老有嫩要照顧」、「家人不讓我走出來嘛」、「工作很忙」、「我不太懂這件事」、「香港人沒有台灣人有過的白色恐怖歷史傷痕」、「香港人圍城偏安」、「香港是商業都市」、「激烈抗爭活動在香港沒有市場」等，再拗不下去的時候，就拋出一句「你有政府打壓我們不容置疑的證據嗎」。完全言不及義！不聲援，不行動，真的需要這些粗糙的標籤、低級的藉口嗎？為何不說一句：

「我膽怯，我怕了，我不敢」？就連坦承自己無膽的勇氣都沒有，這些人被欺負還值得同情嗎？沉默就是懦弱，忍耐就是麻木！要做這款「龍的傳人」，還要粉飾自己擁有什麼「五千年文化」，懦夫還要往自己臉上貼金，真可笑，真可悲，真可憐，真可恨。

當然，筆者上述論斷並非針對全部香港人來說，但從自己多年來分別在香港和台灣生活經驗看來，在香港抱持上述觀點而生活的人為數頗多，恐怕較台灣更加普遍。一旦路見不平，只識閃躲沉默，不敢拔刀相助，長此以往，養成惡習，積重難返。況且，懦夫猶可恨，苦主更可議。君不見王維基的香港電視申請免費電視牌照被拒，他竟然說他的不幸跟中共絕對毫無關係，只是反映特區政府一小撮官員的意志。君不見香港《明報》前總編輯劉進圖被斬六刀後，他竟然指出「如果你們選擇入行，但父母親擔憂反對，怕你們有朝一日受到傷害，我建議你們這樣回應，遇襲受傷通常是做到總編輯才會發生的，只要不當老總，危險就很有限」，不正是自欺欺人嗎？為何不說一句：「無膽匪類，別當記者」？要到何時，這些苦主才懂得面對現實，勇敢面對強權，說出真心說話？

筆者記得，疑似有意角逐台北市長的柯文哲醫師，在網上有許多《柯語錄》，其中有一條是這樣寫的，頗有意思：有一次，獵人帶着獵狗去打獵，發現一隻兔子後，獵狗就開始追逐，但追着追着，竟然兔子逃走了。獵人責怪獵狗：笨蛋！竟然跑輸給兔子！獵狗很輕鬆的回答：情況不同啊！牠是為命而跑，我是為午餐而跑！引申而言：弱對強，要拚命才能獲勝；強對弱，要先瓦解其意志，才能以較低成本取勝。識者思之慎之。不聲援，不行動，嗷嗷叫，講仁義，想民主，盼公義，可以休矣！

二、堅毅：一旦越來越多港人願意拿出勇氣來，台灣太陽花學運裡頭就有許多地方很值得學習。陳為廷、林飛帆等一眾「佔領立法院」的學生絕非「早上聚集、晚上回家」，反而，他們不但當機立斷，營造氣勢，一鼓作氣，不會再而衰，三而竭，在感性上召喚公民良知，參與抗爭，群策群力，眾志成城，而且能夠做到在立法院內堅持下去，不撤退，不放棄，持續成為媒體焦點，持續引發各方聲援、圍觀、打氣。只要人數夠多，只要堅持忍耐，必定引發共鳴。當他們被問到學生退場條件是甚麼的時候，他們很清晰地說應該是馬英九政府回答這道問題，決定是否接受他們「退回服貿協議、建立兩岸協議監督機制、召開公民憲政會議、促請朝野立委先立法再審查」這四大要求。綜觀歷史，抗爭運動的成敗不一定取決於激烈度、靈活度，而是取決於抗爭是否堅毅、行動是否持續，遇有挫折，不亂方寸，不屈不撓，堅持原則。做得到這一點，非暴力抗爭才有可能成功。做不到這一點，非暴力抗爭恐怕只是笑話。

回顧台灣歷來三波民主運動歷史，足證堅持抗爭、百折不撓才是勝利的關鍵。日治時期蔣渭水、蔡培火、林獻堂等人組織或參與文化協會、台灣民眾黨、台灣地方自治聯盟等，一時顯露出對抗日本殖民政權的抗爭鋒芒，同時發起多次台灣議會設置請願運動，後者最後在中川健藏總督的壓力下戛然而止，後來雖然有人投入鳥籠地方選舉，但是抗爭波瀾已經無以為繼。及至國民黨政府統治台灣初期，《自由中國》雜誌大肆鞭韃國民黨一黨專政，雷震、殷海光等知識人仗義執言，理論深邃，擊中要害，最後有人更加蘊釀組織反對黨，但卻一直沒有把國民黨的壓迫，以及面對壓迫的後續行動列入規劃當中。蔣介石忍無可忍，大舉逮捕雷震、傅正等人，在青島東路警備總部第一法庭審理和宣判。然而，其他民主人士例如高玉樹、李萬居、郭雨新等人都不願意立即組黨，左說研究，右說籌備，最後不了了之。及至中壢事件之後，黨外運動才開始浴火重生，如火如荼，前仆後繼，發動台灣第三波民主運動。在高雄事件和美麗島大審的挫折之後，志士仁人更加不斷犧牲和挑戰，不會放棄抗爭，反而喚醒民眾打破沉默，善用當時外交形勢，投入選舉，加強文宣，直到當權者在台灣人民面前完全喪失合法性與道德性而不得不妥協，亦即只能在「鎮壓」與「讓步」兩者之間擇一而行，最後民主終於露出曙光。解嚴、開放黨禁報禁、野百合學運、終止動員勘亂條款、終結萬年國會、推動總統直選，凡此種種民主成就，都與抗爭者的「堅毅」息息相關，讓第三波台灣民主運動達到首兩波所無法達到的高度，帶來真正的政制改變，逐步讓民主文化生根、發芽、成長。

回顧香港，眾所週知，近月以來，為了爭取符合國際普選標準的香港行政長官普選，戴耀廷、陳健民、朱耀明「佔中三子」發起「和平佔領中環」運動，事先張揚，逐步蘊釀，俟「真普選已瀕絕望」之時，發起「佔領中環」的「公民不服從」行動，原先預計在今年年底落實，目前也不排除提前到今年第三季。其志相當可嘉，筆者深表支持。如能成事，屆時中環街頭將湧現許多無畏無懼的群眾靜坐集團，佔領各大馬路，作無限期非暴力抗爭，不會重彈香港每年元旦遊行和七一遊行「三點出發、七點收工」的無力舊調，不會重複抗議政府扼殺香港電視免費電視牌照申請「包圍政府總部」集會「下班到場、半夜回家」的蜻蜓點水，不再仿效抗議明報前總編輯劉進圖遇襲的藍絲帶遊行「終點綁帶、立即離開」的行為藝術。如果「佔中」能夠成事，真正意義的非暴力抗爭將會出現，而且將會是香港的第一次。

「佔中」是一場政治運動，參與者必須有豁出去的勇氣和韌勁，堅持非暴力原則，不成功便不撤退。筆者衷心期待屆時不會荒腔走板。在此，筆者有兩大忠告。第一，「佔中」未必完全按對了當權者的重要穴位。從太陽花學運的場所看來，學生們不會選擇佔領台北市東區或者佔領 101 大樓，他們是選擇佔領立法院，然後由群眾自發包圍立法院，部分人更加另闢行政院戰線，後者孰好孰壞，見仁見智，但重點是要按對當權者的重要穴位，讓當權者不得不回應和讓步。在香港，在民主普選議題上，類似台灣立法院的重要穴位在哪裡？除了中環商業區街道之外，中環禮賓府、政府總部、立法會大樓、西環中聯辦大樓、中環解放軍總部，都是一些可行的選項，值得從長計議，妥善籌劃。即使不去佔領，也可圍堵封鎖，旨在癱瘓這些辦公大樓的辦公功能。重點是要逼使當權者面對「鎮壓」與「讓步」的二擇一抉擇。世界上沒有無風險的抗爭，如要當權者讓步，必須善用國際形勢和凝聚群眾實力。第二，「佔中」組織者和參與者不要純粹考慮如何籌備佔領中環，而要全盤和深入考慮，汲取台灣首兩波台灣民主運動的失敗教訓，一旦佔領中環活動遭遇鎮壓，驅散濫捕，何以為繼？一旦中共冷處理中環被佔領，不啟動談判，何以為繼？沙盤推演，想通透了，這才是真正有組織的民主抗爭運動，否則只是炮製「送羊入虎口」而無法持續的抗爭鬧劇和悲劇。

三、談判：太陽花學運提出四大訴求，呼籲跟馬英九總統直接公開談判，截至脫稿時尚未有共識。同時，當局已經炮製分化輿論，明確區分學運中的鷹、鴿兩派，污名化特定組織者和參與者，打擊學運士氣。馬英九更高調約見各大大學校長，呼籲他們居中調停。這些現象反映出以下四個重點。第一，當學運凝聚了充沛的群眾實力之後，才有資格啟動跟當權者的談判；第二，學運不可單純標榜「本土經濟」、「真民主」、「小確幸」之類空洞口號，必須具體化為相當具體的訴求（例如目前學生的四大要求），讓全民知情，然後才有資格啟動跟當權者的談判，同時全程接受公眾監督；第三，談判絕對可以公開，而且應該公開。台灣的凱達格蘭大道（又例如香港的維多利亞公園）是個好地方；第四，學運內部必定有不同意見，當權者更會直接或間接分化彼此，製造分裂。在學運組織內部，有人要談，有人不要談，有人要談成這樣，有人要談成那樣，因此必須有妥善的民主協商機制或平台，用以商討和解決爭議，最後團結行動。時至今日，學生們的總體表現值得肯定，沒有被當權者分化動搖。

其實，上述重點均值得香港「佔領中環」組織者和參與者深入思考。正所謂他山之石，可以攻錯。首先，尚未凝聚充沛的香港群眾集結實力，只持歷年來的抽樣民意調查數據，部分香港立法會民主派議員就打算應約前往上海跟中共官員（但並非習近平、張德江等比較高層的領導人物）秘密會談，肯定正中下懷，緣木求魚，瓜田李下。他們背後沒有群眾站出來施予中共足夠的壓力和實力，中共根本不會把他們放在眼內，肯定一點都不會讓步，一方人肉播音，另一方嗷嗷叫，談完也是白談。其次，目前香港民主派內部針對「真普選」制度內容分別提出多個方案，其中有人甚至認為「保證至少一名民主派人士成為特首候選人」就已經是「真普選」的政治制度，即使剝奪「公民提名權」也沒所謂，即使允許由全港選民總數不足一半的特權人士「選舉」產生的「提名委員會」提名也可接受，簡直侮辱大家的良知和智慧！總而言之，目前主流民主派的最大公因素只有「符合國際標準的真普選」一項，但卻沒有共同認可的具體清晰普選制度內容，依然各說各話，各吹各調，顯然未達上述啟動跟中共談判的入場門檻，趕快發動「五區公投」以確定支持必須允許「公民提名」特首候選人，可望補此闕漏。可惜香港主流民主派政治人物興趣缺缺者眾。「學民思潮」這個由香港中學生發起的反對「香港特別行政區政府設立德育和國民教育科」和爭取「公民提名特首候選人」的學生組織，已經獲得越來越多香港人的認同，但他們的主張卻在主流民主派政治人物當中，尚未獲得廣泛的支持，殊感可惜。中共的分化、政客的軟弱，兩者惡性循環，最後無法確立真正的「談判」條件。如果香港「真普選」最後因而斷送，委實令人憤慨。

常言道：妥協是政治的藝術。實際上，這句話應該是說給當權者聽的，不是說給無權者聽的。正因為台灣立法院內的留守學生和場外聚集的群眾不撤退、不妥協，馬英九政府才願意略作「妥協」：改備查為逐條審查，改院會為委員會，改漠視學生為建議跟學生在總統府內談判，改高調拒絕訂立兩岸協議監督條例為表示願意推動立法。這種妥協就是藝術。但是一旦學生妥協（幸好目前沒有出現）而當局不妥協，例如學生同意先撤走然後再談判，這種妥協就不是藝術，而是笑話！可幸陳為廷、林飛帆等一眾學生有計畫、有組織、有原則、有韌勁，即使身體疲憊，依然意志堅定，拆穿當局分化技倆，堅守反對服貿立場，以充沛的道德感召力量為利器，最後提出與馬英九總統公開對談，促使馬英九政府繼續「妥協」，繼續產生接二連三的台灣政治「藝術」。如果香港政治運動組織者和參與者擁有這種思維格局，香港民主前途肯定無可限量。

最後，坊間有評論認為近年的野草莓學運和太陽花學運，均預示着台灣第三政治勢力即將冒起，在國民黨和民進黨的藍綠對決之外嶄露頭角，日後必定蓬勃發展云云。筆者認為這已涉及類似占星算命的預言層次，脫離現實甚遠。畢竟未來台灣政局發展的多種可能性，目前恐怕誰也說不準。但有一點可以肯定：無論是兩黨政治抑或多黨政治，本身無關宏旨。重點是落實真正的民主政治，以及行政、立法、司法三權的分立與制衡，推動政務公開和陽光政策，鼓勵公民密切監督政府施政，督促政府捍衛程序公義和實體公義，尊重言論集會遊行示威等表見自由，並且以「商議民主」補充「代議民主」之不足，讓政府和公民不要以為民主只是四年一度的民主選舉，因為民主還需要政府和公民永恆的醒覺和持續的警惕。看到黑箱，公民就要吶喊。服貿協議，本身必須經過充分民主商議和專業論證程序才可以簽訂，亦即把利弊得失和多類風險攤在陽光之下，在社區內討論，在產業內討論，而這一點正好就是馬英九政府在這件大事上處理得最失敗之處。撤回協議、開展全國民主商議程序、訂立兩岸協議監督條例，是目前最佳的善後辦法。謹願台灣民主文化繼續茁壯成長，香港勇於汲取良好的台灣民主運動經驗，幸甚。

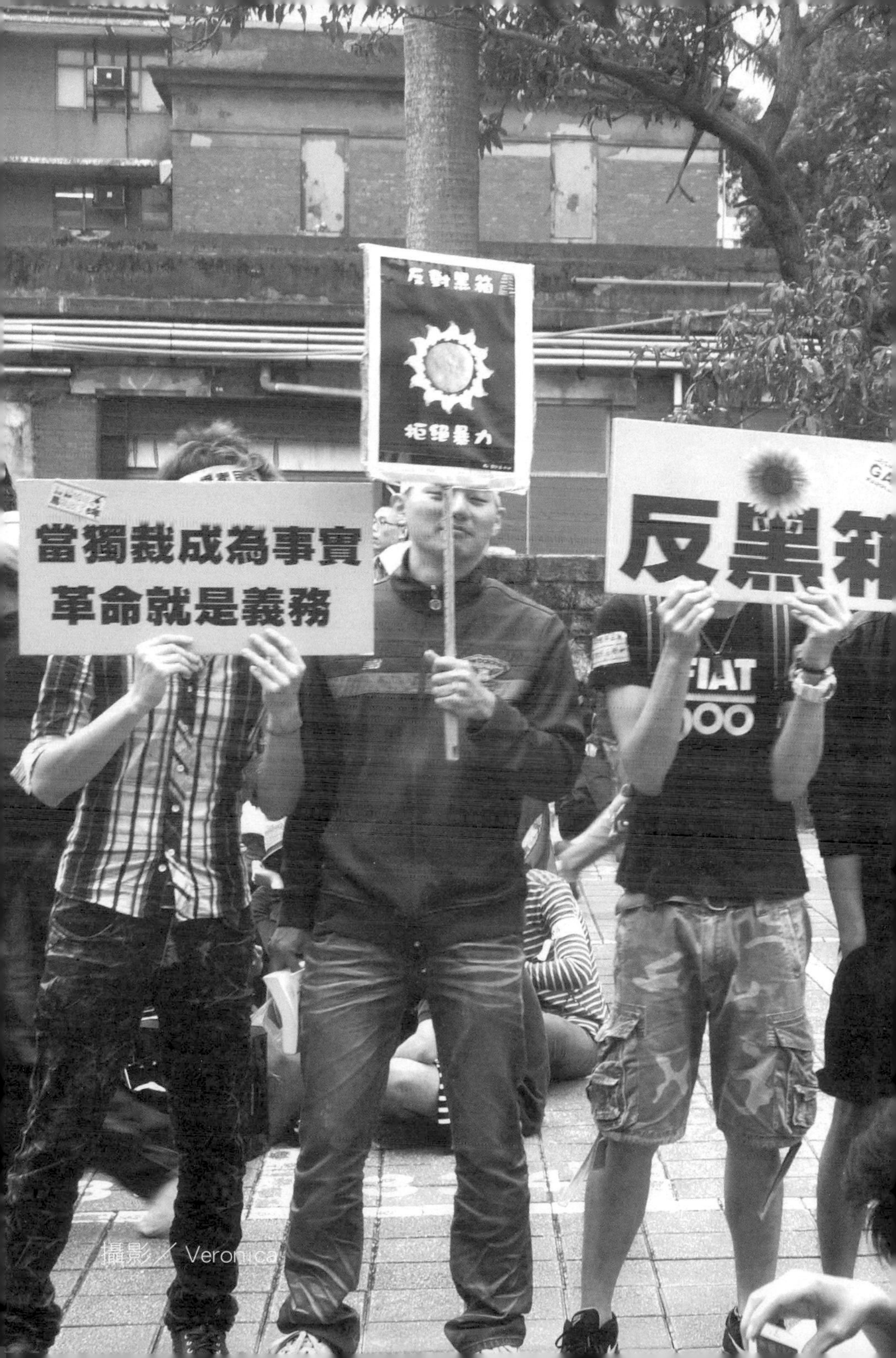
當獨裁成為事實
革命就是義務
反對黑箱
拒絕暴力
反黑
FIAT
攝影／Veronica

# 居台法國人對太陽花運動的觀察

文・Benoit Girardot（學生）

多年來，我儘量避免去問台灣人他們如何看待自己的未來。中國的問題，我想，是一個敏感問題。但在馬總統的第二個任期內，事情開始行動了。雖然ECFA是抽象的，而且不易掌握，但服貿協議對台灣在經濟及就業所造成的衝擊是顯而易見的。它讓中國人能夠搬到台灣，因此也延伸了中國在台灣的利益問題。該協議去年六月就簽署了，我還以為會爆發很大的衝突和紛爭，結果並沒有，直到現在，我當然很驚訝地看到太陽花運動的發生，我認為這樣的衝突僅僅是個開始，而中國的影響力將不斷地增長，加劇台灣社會內部的紛爭。

太陽花運動是一個令人驚豔的公民運動，因為它把焦點集中在協議本身而非數個月前的黑箱作業或政治阻礙。這是一個明確的處理方式，能夠對大眾有如此強烈的情感衝擊，在沒有任何形式的監督下，訴求可能會被推向執行。在這場運動中，有很多不同的聲音，有些人責怪馬總統的溝通不順暢，有些人說，中國只是一個國家就像其他國家一樣，反中是不必要的。但是，中國很明確的目標就是收復台灣的控制權，可以推測他們的協議內容應該就是往這一個目標前進，在我心中，簽訂這個協議對於台灣的好處仍然不是很清楚。

例如，我不明白為什麼政府不能對待中國公民就跟「超級老外」一樣，這樣的關係就如同台灣對待其他的外國人一樣，如此在台灣給予很多很好機會的同時，也可以限制以防止大量的移民。人們認為，該交易應該是互惠的，但顯然台灣跟中國的人民差異如此巨大，而台灣的生活品質也比中國高得多。

此外，馬的論述存在許多的問題，比如說，聽起來似乎威脅的告訴台灣人民如果沒有通過服貿協議就無法與其他國家談判。

我覺得另一個重要的問題是代表性。如果有很好的理由，學生是否就可以佔據立法院？我個人認為這個成果是有價值的。佔據立法院的行動引發討論，顯示年輕台灣人的決心和勇氣，也因為這個行動，才看出原來有不少的台灣人民關心他們的未來。不過，我不認為學生可以只靠他們的力量而成功的退回該協議。畢竟，即使他們訴求和平運動，但他們仍然以佔領立法院當籌碼，而他們清新的形象也為他們增加不少的好評，如果這個運動能夠顯著的成為全民對於政府的戰鬥，那它將是具有強大的象徵性。看起來大部份的台灣人強烈且共同支持這個運動，但商業協會支持服貿，也有很多專家也不同意該協議將對台灣帶來重大的影響，我們聽到很多不同的聲音，但始終無法知道支持的人多、反對的人多、還是沒意見的人多。

當然，幾十萬的人都聚集在凱達格蘭大道以表示支持。但我認為這並不足以阻止該協議的進行。對我來說，這是成功動員相當的人數來關注此政策的一個象徵，並已成功地顯示出過去國民黨一貫的作業方式的限制。因此，我認為該協議在實施後的鬥爭將會繼續下去，因為影響是清晰可見的：將有一段時間，也許不到一年，我們將重新檢視協議執行前的假設誰是對的，誰是錯的，以及因為今天的辯論已受到普遍的重視而感謝發起運動的學生，而政府將被追究責任，如果他們不能提供所有他們的承諾。

另一個重要的事情是關於中國是否會利用這一個協議提升對台灣的影響力。我覺得台灣很少討論這個方面，因為它不能直接測量，而且由於台灣一般有相當多的人對中國人存在某些偏見。對我來說，雖然我愛中國人民因為我覺得他們充滿活力、快速和幽默，但我也認為他們是一個共產黨無處不在的社會，黨控制所有的經濟和權力，而不是掌握在企業或其他民間團體，經濟協議就可以看得出這個端倪。

不管如何，我認為多數的台灣人，讓馬英九能夠成功連任是因為他處理兩岸關係的成果較民進黨好，在他的第一個任期內在這方面已有相當的成果。是不是台灣別無選擇，只能開放中國？我認為，學生的辯論和抗議，是對政府處理協議程序的討論，而不溝通是一個過時的方法和手段。當學生和年輕人成功地使用社交媒體，如Facebook，一直討論很多關於該協議的內容、影響與疑慮，但是他們的行為卻仍被嘲笑並嚣張化（新聞報導難免偏頗），卻無法否認他們訊息的獲得及回答都比政府要快得多。有鑑於此，馬政府已經錯過了一個機會——真心的處理與學生溝通，與學生理性對話並不一定意味著屈從於他們的要求，這樣才可以改善自己的形象。

# 公民不服從

文・黃厚銘（政大社會學系副教授）

今天得備課，其實我也想盡量抽時間再過去立院。但我想，在備課或在去立院之前，身為幾乎是第一時間就跟著學生們攻進議場的我，也應該把我在議場裡看到的事情分享給大家，以便釐清一些抹黑或誤解。

先就服貿協議這件事情來談。即使不談服貿協議所涉及的自由貿易、兩岸走向、台灣經濟發展、社會不平等……等問題，而退一步說，這些是可以有爭議空間的。那既然可以有爭議空間，為何我們的政府領導人所擺出來的姿態卻是，「這是對台灣有利的，完全不需要修改」？換言之，這次會引起這麼大的反對能量，是因為強行並草率將服貿協議送出委員會，之後等著用黨紀施壓所屬立委，打算就用多數決來解決。把立法院當做行政院立法局，這本身絕對是破壞民主體制的制衡原則的。光這一點，就已經夠嚴重了。這次服貿協議可以這樣通過，下次就會是貨貿、再來是文化交流協議、接著可能是政治協議。此外也可以在核能發電，在各種你想得到、想不到的重大議案中發生。是的，我在這裡沒有進入服貿協議的實質影響來爭辯，光是執政者擺出明君的姿態，要我們相信他、相信他的判斷，不要懷疑、也無須制衡，當然也不用透明公開，這就是民主體制的危機。這就足以成為走上街頭的理由了。

再來是有關公民不服從、非暴力抗爭的問題。昨天傍晚，相信坐在我附近的學生都看到我在面對記者邀訪時的龜毛與掙扎。但想起可以幫忙把問題釐清，即使我知道不能偷看小抄講話的我會表現得很不好，我還是決定接受採訪。

我首先要跟大家說的是，守法不是第一，也不是唯一重要的原則。惡法非法、公民不服從，就是根據。我不知道大家是否知道，納粹德國期間一些曾經涉及槍殺投奔自由民眾的軍警，後來陸續面對法律的審判。他們當時的答辯也是，我是依法行事、執行上級指示命令，但事情的實際發展是，這並不能使得他們免除罪刑。他們不正是因為守法、服從上級命令，怎麼還會被判罪？原因之一就是他們沒有依據良心、道德的判斷，而作了不符人道的行為。這正代表著守法不是唯一，也不是最重要的原則。請記得，惡法非法。此外，他們被判罪的其他理由也包括，這些要他們槍殺投奔自由民眾的法律是違反國際的人權公約的，尤其是他們國家自己也曾經簽署過的公約。那麼，這些執行法律的人就應該以這些地位更高的、被視同國內法的法律為行事的依據。聽起來有沒有很熟悉？是的，我們政府也宣稱加入人權相關的兩公約的簽署，但光是我們的集會遊行法，就有許多細節是違反兩公約的。而從前述納粹德國的例子來看，連執行公務的軍警都應該以道德良知作為行事的依據了，一般人民更是如此。

既然守法不是唯一，也不是最重要的依據，公民不服從就是面對惡法的正當反應。公民不服從概念背後的想法是，政府統治的正當性是建立在人民（包含個人及行政官員）的順服之上。當人民收回他對政府、統治者的順服，就是在表示對政府施政正當性的否定，不管是針對一項惡法、一項破壞體制的作為，還是整個政府本身。這抵抗權或不服從的權利是人民的正當權利。請想想，甘地的不服從、美國南方有色人種不斷挑戰種族隔離政策的作為、以及孫中山等人的革命（別忘了史書上所記載，孫中山先生當時策動過的各式各樣的暴力行動），你就會知道公民不服從的正當性。

其中，非暴力抗爭正是公民不服從的重要手段之一。但請記得，既然非暴力抗爭是公民不服從的手段之一，背後的思想依據是惡法非法，那麼還用不守法，或是國會殿堂的神聖性等可笑修辭來指責佔領立法院的行動，根本就是層次低劣、反動保守的批評。我可以用我的人格向大家保證，領導佔領立法院行動的幹部們，絕對是不斷跟參與群眾強調非暴力原則的。反過來說，非暴力抗爭的方法很多，舉例來說，癱瘓交通（比如說，在交通要道集體以低於速限的方式開車）、癱瘓公署（比如說，佔領、同時湧進一個公署申辦業務、放慢填寫表格的每一個步驟等等），有興趣的朋友可以搜尋農陣八一八拆政府時所發放的非暴力抗爭小手冊電子檔參考。至少在這兩天，我親眼見證的是，佔領立院的幹部們，很快排除了送進議場的一瓶汽油、有人故意帶進來的鐵鎚等等，最後還將這位背包裡有酒與鐵鎚的民眾請出去。其間也不斷提醒大家，要留意周圍的人有沒有人攜帶刀械等危險物品。

我沒有時間細論的是，相信一定有人會疑慮，如果每個人都宣稱自己是按照自己的道德良心行事來做事，會不會天下大亂？那麼，光是佔領立法院的行動堅持以非暴力的原則來實施，是不是就證明了他們不是任意、輕率地僅只在口頭宣稱上自己是依據自己的良心呢？反之，是的，公民不服從的行使是有一些原則作為前提，比如說，所指向的目的是公益而非私利（即使導火線表面上看起來是私利，所指向的也是背後更大的公益原則，士林王家就是一例）、執行的公開性（發表聲明，清楚闡述訴求、要求等等）。

是的，剛開始進入議場時，有人帶了也喝了啤酒，但他們成年了，如果喝酒太high不行，喝令人感到愉悅冰涼手搖茶飲、蠻牛可不可以？待在議場內，場外支持民眾會不斷把物資傳進來，尤其是為了要表達支持，確實可能是麥當勞的薯條漢堡可樂，也可能是冰棒、茶飲（甚至還包括用意令人起疑的汽油），外面要傳送什麼物資進來，不是議場內事先可以知道的。

難道要學生們訂出一個標準，超過標準的就退回嗎？但我也可以跟大家說明，為了所謂的「社會觀感」，學生們確實也已經嚴格禁止含酒精的飲料；甚至也為了「社會觀感」，要參與者坐在議場中間空地。以致大多數人是無法有牆壁、桌子可以靠著。就我這樣的年紀，這是非常痛苦的事情，坐了一陣子站起來，走路就會一拐一拐。而我相信即便年輕學生筋骨沒有那麼硬，也不會太舒服。

寫累了。就再簡短卻也直接的說明跟警察之間的所謂的「衝突」。衝進議場的過程，當然得破壞門窗（但實際上似乎就是一扇玻璃門），議場的木門是在學生要把衝進議場的警察推出去時，雙方的力量把門卸下來的。當時我就在門邊，門外的地面上有碎玻璃，我與學生們都不斷出聲提醒，我甚至還拉了一位差點跌倒的警察一把。他第一時間以為我是要把他拉出議場門外，不讓他攻進去，但後來卻對我表示謝意，不斷以老師稱呼我。同理，每一波警察的攻堅，當然也會有推擠，要不然呢？就等著讓他們進來，然後坐在地面上讓他們把抗議者抬走？那麼這不服從不就變成玩假的，只是演一齣戲、作作樣子？推擠中有警察呼吸困難，也有學生呼吸困難啊。所以呢？就應該放棄佔領？

但我也可以保證，幹部們不斷地提醒，警察不是我們的敵人、他們只是服從命令、執行公務，這可以從其中一個口號看得出來：「警察撤退、馬總統出來面對。」是的，是先破壞民主體制的不出來處理、解決，才導致站在第一線的警察處於這樣的困境。我甚至可以承認，在警察的四波攻門初期，也有一、兩個人丟擲了小罐礦泉水，但這行為立刻被幹部與學生制止了。此外，由於部分主流媒體的不友善，也有少數人在議場內的發言顯示出對記者的不屑。請記得，這不是一個事前就訓練有素的團體，對參與者的要求與訓練，當然是在運動過程慢慢進行的。但過程中絕對是一再提醒非暴力的原則與不應也不是針對警察等等的。昨晚幹部甚至明確要求參與者不要在言語上奚落記者，並正式代表道歉。話說回來，那些對理性要求特別高的批評者，等到有機會讓你自己處於這樣高張力的抗爭中，你就會知道這需要多大的自制力，說不定連你自己都還作不到呢。而這樣的自制，不算是所謂「理性」的表現嗎？說真的，連我坐在學生當中，只能被動地看著警察的攻門與學生的防禦，都還會忍不住激動起來。我要說，這些年輕氣盛的學生們可以做到這麼自制，已經是很不簡單了。同理，我也有看到幾位非常激動的警察，被同事安撫、勸離。即便是飽受訓練的警察都會如此了，臨時被召喚來、甚至事前也不知道行動計畫的年輕學生們，怎麼可能沒有一些小小的失控。重點不是有沒有少數的情形發生，重點應該是主事者有沒有努力掌控局面、要求不是嗎？我用「幾位」、「小小」、「少數」這幾個字，不是在維護他們，而是事實就是如此。

除非，那些要求和平理性的人，心裡真正想要是完全沒有抗爭的和諧（河蟹）社會。或是，只有自己所主張的立場才有資格抗爭，其他的抗爭都是不對的。

至於那些說社會成本、社會很亂、社會不安定會影響經濟成長的人，請了解一下韓國的社會運動，以及台灣與韓國現在在經濟上的成就。雖說，我一點也不覺得我們該以這種發展主義意識形態，所謂的經濟發展為目標、標準。而不可否認的，從這一陣子農陣翻越行政院圍牆、八一八拆政府佔領內政部、到佔領立院的趨勢來看，台灣的社會運動正在走向高張力的抗爭，但這是馬政府從陳雲林來台期間執法過當開始，一再漠視反對聲浪的結果。要扛起責任來面對反對聲音，以避免社會不安定，是一再破壞法治、民主的馬政府。

說到那個記者的邀訪，我在訪問中說，請不要再教你的子女、學生要守法，要教他們依據道德、良心來做事。

真的累了，有些虎頭蛇尾。我很少主動要求大家轉寄我的文字。但身為一個幾乎從一開始就跟學生們一起衝進議場、並在裡面連續待了超過二十四小時的人，我要請大家幫忙轉寄我的見證。

我是政治大學社會學系副教授黃厚銘。

攝影／Veronica

# 如何從國高中公民科切入談反服貿抗爭？

文·高子壹（台大社會所博士生、補教老師周好）

給我親愛的學生們：

你們常常問我，學社會科有什麼用？我國現行的考試制度下，國高中社會科被視為「背」科，背多分，藉著這次反服貿爭議，就讓我們來談談國高中社會科之「用」吧！

我們來複習一下你們學過的東西。

請問，我們的憲法由誰制定？法律由誰制定？行政命令由誰發佈？人民為什麼有守法的義務？

憲法，由制憲國民大會制定，國民大會廢除後，若要修改憲法，需由立法院提案，交由全民公投。法律，由立委經過正當程序制定；行政命令，由行政機關依據職權，或法律授權而發佈，所以我們會看到那個很有名的三角形的法律三位階圖：憲法是直接民意的展現，它具有最高性，法律是由人民選出的代議士制定的，是間接民意的展現，而行政命令缺乏民意基礎，位階最低，所以，法律牴觸憲法無效，行政命令牴觸法律無效。

這次簽服貿之所以會被說成「黑箱」，是因為服貿是根據「兩岸人民關係條例」這個法律，授權給行政院陸委會委託海基會去簽訂的，簡單來說，服貿被當做授權命令，我們幾乎不知道是誰去簽的，怎麼簽的，直到簽回來後，我們才看到條文內容。問題是，服貿算是「行政命令」嗎？如果我們認為，中華民國跟中華人民共和國是同一個國家，服貿協定才會算是行政命令。

我想，各位不可能承認中華民國跟中華人民共和國是同一個國家吧？這就要拉入歷史來談啦！大家還記得台灣史最後一個部分嗎？民國三十八年國民政府撤退到台灣，可是我們沒有放棄大陸國土，所以目前，我們的憲法裡面宣稱的既有領土，還包括中國大陸呢。而中華人民共和國則是宣稱，台灣是中國的一個省份。我們當然不可能承認台灣是中國的一省，可是我們宣稱擁有大陸領土的正統性，我們還沒有放棄反攻大陸呀！別忘了，教育部曾經發聲明稿說，中華民國的首都在「南京」呀！是吧？我們說的九二共識就是這樣，承認一個中國的前提，只是，台灣這邊說的一個中國，指的是中華民國，大陸那邊說的一個中國，指的是中華人民共和國。這個問題不解決，我們很難理解到底服貿要當做行政命令還是國與國間的協定呀！

再來，還記得嗎？為什麼人民有守法的義務？

我們遵守立委制定出來的法律，是因為「民主」。因為，立法委員是人民一票一票，依據正當的選舉程序選出來，民主不就是少數服從多數嗎？就算你不投票，或者你投的人沒有當選，既然我們大費周章地辦了立委選舉，這些立委就是根據正當的民主程序被票選出來的。選舉是很重要的一環，因為，當我們投票的時候，我們正在告訴立法委員：「我同意你幫我們制定法律。」透過投票這個行動，讓渡部分的公民權利給立法委員——立法委員是幫我們工作的！我們太忙，不可能自己跑去立法，所以我們請立委幫我們立法，在這個意義下，立法院屬於民意機關。

立法委員制定法律，須經過「正當程序」，這個正當程序，指的就是在立法院經過三讀的程序。法案經過大會決議後，可以交付給委員會審查，或逕付二讀。服貿協議是交給內政委員會審查的，委員會就很像各位同學的學校裡面有教務處、總務處、學務處一樣，管外交的叫外交委員會，管交通的叫交通委員會，管內政的就叫內政委員會。一讀過後，法案會進入二讀程序，你們在電視上立委打架的場面，常常就是出在這個二讀程序。因為二讀程序可朗讀議案，進行廣泛討論或逐條討論，如果法案進入三讀程序，條文幾乎無法修改，只能做文字修正了！那二讀怎麼通過呢？主席只要在前面念過條文，一條條問大家附不附議，在多數黨立委席次比較多的狀況下，常常法案就強行通過了，所以大家看到立法院在打架，那是為了干擾會議的進行，讓法案沒有辦法快速通過。這是在在野黨處於少數的情況下，為了阻擋法案的進行，會採取的一種手段。

先不論服貿協議到底是國內法還是國與國間的協定，讓我們還原服貿爭議到內政委員會裡，張慶忠立法委員通過服貿協定那三十秒。在現場一片混亂的狀況下，委員會主席拿著隱藏式麥克風，在廁所旁邊宣布服貿協議通過一讀，連立法院現場的攝影機都沒有收到音。這樣的狀況下，服貿可以說是根據「正當程序」通過嗎？身為一個法治國家，只要立法過程中不符合「正當程序」的話，這個法律是無效的喔！

再來，既然立法委員是代替人民制定法律，如果人民需要的法律，立委沒有幫我們制定，我們可以直接公投通過，這叫做憲法保障的「創制權」，又或者，如果立委通過了我們不認同的法律，我們可以直接公投廢除，這叫做憲法保障的「複決權」。如果法律制定之後，有人認為這個法律是有問題的，像是威權時代的動員戡亂時期臨時條款，凍結許多憲法權利，很多人認為它箝制自由，可是，動員戡亂臨時條款是經過正當程序通過的，請問，人民到底該不該遵守？

這裡有兩派觀點，一派認為「惡法亦法」。就算這個法律再糟糕，它也是法律，在修法前應該遵守。另一派則認為「惡法非法」，這派人認為，如果法律制定的原意不是良善的，而是為了邪惡的目的服務的話，那就不值得被遵守，接下來就會衍伸出「公民不服從」的概念，採取和平非暴力的方式，公開，且故意違法，凸顯這個制度或惡法的荒謬性，進而促成社會討論。只是，若是在抗爭過程中觸犯法律，公民不服從的成員仍須負起責任，接受法律制裁。

這次反服貿抗爭的爆發點，就在內政委員會三十秒通過一讀程序嘛！這個程序如此地不正當，學生本來打算在立法院外面抗爭，立刻決議拉高抗爭手段，採取「公民不服從」的方式，佔領立法院。

從前面看過來，你會發現，服貿協議現在卡在立法院，所以一開始抗爭的對象，就是立法院。不過，隨著事件的發展，你會發現，還有另一個更有問題的機關躲在後面，不論是一開始的黑箱作業，把法案送到立法院，或是把服貿協議從立法院撤案，問題都在行政院，只是，行政院直接管轄警政署，跑到行政院抗議，警察很快就會鎮壓。而立法院裡面，行政權沒辦法直接把手伸進去呀，原因你們也學過，因為「國會自主」嘛！除非立法院長動用警察權，否則國會殿堂是可以保護抗爭學生的，在戰略考量下，立法院就成為這次的抗爭主戰場啦！

說到這裡，有沒有覺得，社會科真的太威了呀！

上星期五，集會遊行法中的部份條文，由大法官會議宣告違憲。看到這則新聞的時候，我差點哭了。二〇〇八年十一月，我曾經坐在街頭，大喊「集遊法違憲，人權變不見」的口號，被稱之為「野草莓學運」的這次抗爭，對我的人生影響非常大，這次抗爭的訴求一直都沒有達成，卻啟發我投入社會科教學，我相信，只有好的公民教育，好的公民社會，才能有效地監督政府。你們的課本裡都有提到，我們的憲法保障人民集會結社的自由，可是，我們的集會遊行法裡卻說，人民要集會遊行，必須經過主管機關的「許可」，當年野草莓抗議，為了凸顯許可制的荒謬，並沒有申請許可，在審判「首謀」的官司進行中，法官提出釋憲案，五年後，終於，野草莓運動開了一朵小小的花朵。

這幾年來，發生了許多抗爭，裡頭都有學生的參與，像是在士林，建商為了蓋房子，根據都市更新法，請警察代拆不願意接收都更的人住的房子，文林苑的這個案件，讓都市更新法部份條文被宣告違憲。苗栗縣長為了徵收土地，派警察跟挖土機去挖不願意配合徵收的土地所有人的農田，被監察院「糾正」。有資本家惡意倒閉，積欠工人退休金與資遣費，當年抗爭時，勞委會跳出來，幫工人跟銀行借錢補這筆錢，然後現在跟工人說：「期限到了，該還錢了。」很多工人只好再次出來抗爭。如果你還記得的話，那次的抗爭有工人臥軌抗議，導致台鐵大延誤，當時我記得有人在台鐵大喊「全部輾過去」，可是你知道嗎？關廠工人勝訴。去年，旺旺集團想買下《蘋果日報》，學生跳出來反對媒體壟斷，旺旺集團已經管理中天電視、《中國時報》，如果再買下《蘋果日報》，影響力實在太大了，所以當時學生聚集在立法院前面，要求公平交易委員會退回這次的併購案，結果，併購案被擋下來了。

我舉的這些例子，都是社會運動，更重要的是，這些議題，用你們目前在公民科學到的東西，都可以理解。釋憲、糾正、勞動檢查、公平交易委員會，這些名詞，你們早就背得滾瓜爛熟，選擇題考出來的時候，你們都可以選得出正確答案，可是，當這些選擇題以「時事」的方式出現在各位的面前時，你們有想過哪些選項是我們可以選擇的嗎？

這就是社會科的力量！社會科不是課本背一背就好，不是選擇題上的 ABCD，它是很實際、很日常地，立刻出現在我們面前的。當社會上有任何議題在發酵時，社會科會帶給我們「觀點」，理解這些事務的工具，我們都在社會科裡毫無保留地交給你了。歷史科讓我們跟我們身處的國家民族有了縱向的連結，我們知道自己不是孤單地被拋到世界上來，而是屬於有記憶的群體。地理科帶我們跟自己的土地，跟其他的國家社會有了橫向的關係，透過比較觀點看見台灣。公民科最容易被忽略，可是卻最重要，它教我們社會學、政治學、法學、經濟學，讓我們看穿國家社會經濟基本的運作原則，然後還告訴我們，在這些機制運轉出錯的時候，我們可以怎麼修正它們。

台灣社會發生如此重大議題，我們有機會參與，是我們的幸與不幸，希望同學們能帶著社會科的工具，貼近地觀察。不是說同學們就一定得站在抗議的那一方，只是，不論你支持或反對，都希望大家能張大眼睛看看現在發生的事情，然後，用你所學，做出自己的判斷。你們的獨立判斷，會是社會科老師們的最大成就！

# 那一夜

文．平路（作家）

## 一

那一夜，魏揚的母親楊翠，以及許多在行政院現場學生的家長們，讓我想到荷馬史詩中特洛伊城的母親們。

焦急、心疼又心碎，小嬰兒總有一處腳踝，沒有沾到冥河的水。當孩子長成少年英雄，遇上阿伽門農的暴政，少年英雄挺身而上，卻忘了自己是血肉之軀，身上還留有一處弓箭易入的練門。

那一夜，同為母親，我能夠感覺到楊翠的心境，多麼淒楚又多麼悲壯，是自己血肉所分生出的兒子啊，從小懷抱著的嬰兒，一步步朝著母親學步走來，一年一年，長成敏感又熱情的少年，昨夜，竟望著那年輕人用稚弱的聲音對眾人喊話，後來，竟望著他書生的細瘦手腕被加上重銬……是的，若是他活在阿基里斯的時代，他又怎能夠不選擇征戰？即使事先已經預知那命運的神諭……

服貿三十秒過關的黑箱決策，以及台灣因之而來的不測前景，這鬱積多時的無力感之下，即使有最激進的反應，年輕人的行動也應有被聆聽、被容忍的理由。相形之下，掌權的大人，明明握有各種情資（注一）、握有對話的機制、握有扭轉狀況的時間點，卻一堆空話無異火上加油。當那一夜，佔領行政院的行動明顯失控，掌權者卻下令限時清場。畫面中警棒揮舞，倒在地下的學生們如同掛滿荊棘的受難者，水柱沖刷下，奔流的血痕如同戴上驚悚劇的鮮豔面具，「變了，都變了！」這是葉慈〈一九一六復活節〉詩裡所指的恐怖景象。

經過那一夜的鎮壓，可以預見，未來一段時間，年輕人的心情將更為激昂、更為急切，其中許多人的課業、青春追求以及創造力投注的方向也可能急遽地改變……

這樣的困難時節，除了是悸動時的安慰，文學藝術也有深刻的淨化作用吧。畢竟，處境愈是艱險，台灣要以小搏大，年輕人愈是不能心焦。未來漫長的戰役中，年輕人需要智慧，需要理性的論述，也需要感性的傳奇故事。

那一夜，當警棍當頭打下，而學生們平和地喊出「警察退後」、一面堅持手勾手坐在地下，無論你是否在鎮暴現場，請用文學用藝術，用影像或用文字，借助各種傳播管道，讓那一夜年輕人的故事流傳下去……

## 二

那一夜流血鎮壓之後，江宜樺院長急急召開記者會，出示數字，比較警察與學生傷者的多寡，同時，警眷與警友會等則出面為警察叫屈，有人發動遊行，有人警察募集未來的訴訟經費，臉書上亦出現員警的po文，訴說心聲時不免夾著情緒字眼，目前的社會氣氛，持續把爭議點導向第一線員警。

然而，三月二十三日夜晚不符比例原則的鎮壓，責任在下達命令的高層，而究責標準應是在人權案件中經常引用的原則，那是一九六一年耶路撒冷大審對納粹戰犯阿道夫・艾希曼的審判書所標舉的原則：「整體來說，離實際殺戮行為越遠，需負的責任越大。」

那一夜的江揆，坐在一張舒適的座椅裡吧，他離鎮「暴」現場有相當距離！事實上，他只是對著電話低聲下指令，但關鍵卻是他預先知悉，明知道鎮暴警察平日接受怎麼樣的訓練，制服的對象是假想中所謂「暴徒」。派出鎮暴警察，下達限期清場的命令，他已經預知那淌血的結果。

清場命令之前，江院長原應該盡可能扭轉衝突，包括他可以趕到現場溝通。試想，如果是江院長拿喊話器站在人前，學生會覺得誠意可感，結束佔領、平和地撤出行政院或是當夜的選項。如果江院長眼裡還有學生，如果像他自己說的，多年為師，「對學生永遠有感情」，他應該窮盡一切辦法，任何讓學生安全退場的機制都該一試，他怎麼忍心下達限期清場的指令？

至於站在第一線員警，只是聽命行事。臂章等事前揭下其實是一個清楚的隱喻！掩去個人特徵的甲與盾後面，他們沒有面目、沒有名字、沒有番號，編派到衝突第一線，他們只能進、不能退。

誰為為之？孰令致之？明知道在暴烈而亢奮的現場情緒下，警民衝突過程定會失控，江院長卻強硬地下令清場，對於在場員警在事件中受到的傷害，以及這段時間基層員警面對的責難聲浪，請問，江院長真的問心無愧？

簡單說，乃是江院長的限時驅離命令，傷到在場學生與民眾，更是陷第一線（他們距離最短！）的員警於不義。

這些年來，我們台灣的轉型正義始終沒有完成。遇到究責的時刻，常因為下達凌虐（注二）、撲殺、鎮壓命令的人與犯行現場有距離，鏈結就此斷裂開來。這一次太陽花學運，民眾的怒氣若限於動手的個別員警，而未來的訴訟也止於檢視第一線衝突現場，一則激化警民不必要的對立，再則，又一次輕縱了應該負責的下令清場者。

（注一）行政院發生衝突的前一日，聽說在立法院周遭零星的事件，我自己與范雲等學界教授以及柯一正、吳乙峰等藝文界人士，特意開記者會提醒警務署，警察應該「反暴力、護學生」，站在保護民眾安全的這邊。一日之後出事了。問題是，連民間人士都隱隱然覺得不祥，想到提醒警署職守與分際；反而掌握情資的江院長，為什麼事前卻全無準備，包括預防出事的佈署，以及萬一有衝突，預先演練柔性勸離的步驟等等……

（注二）顧立雄律師曾為文，離現場愈遠，責任愈重的原則，對洪仲丘案同樣適用。

攝影／王士肯

# 多重現場直擊

攝影／Veronica

# 一夜無話

文・許赫（詩人）

很安靜的夜晚
廣場上的吶喊
警棍敲頭顱的聲響
太遠了
像是隔壁房間的交響樂

你睡得很安穩
層層封鎖線的深處
什麼也聽不見

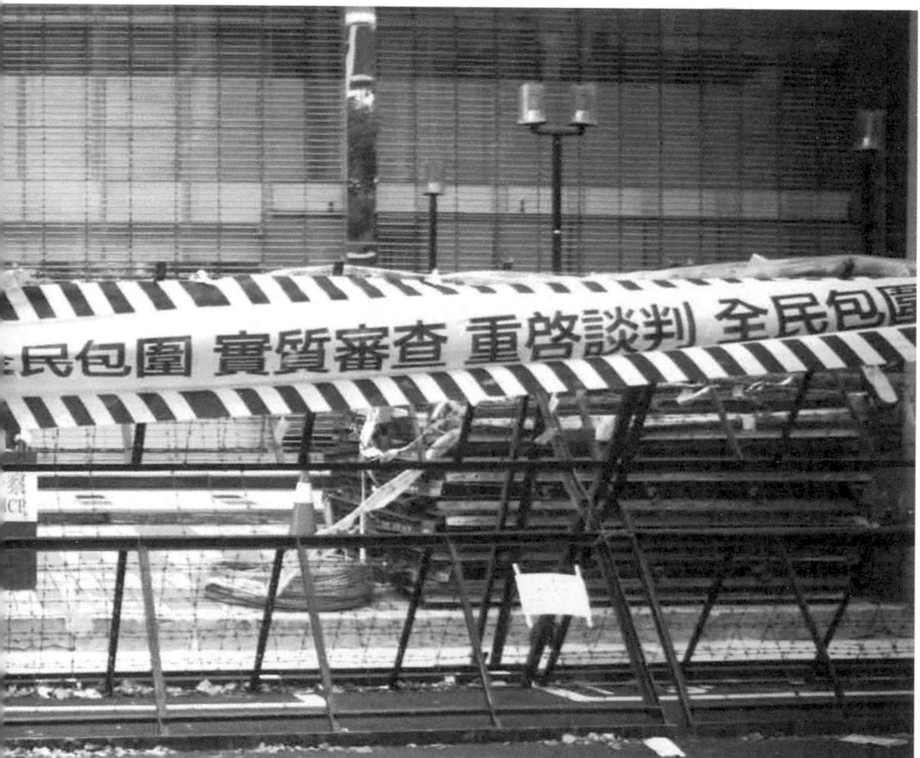

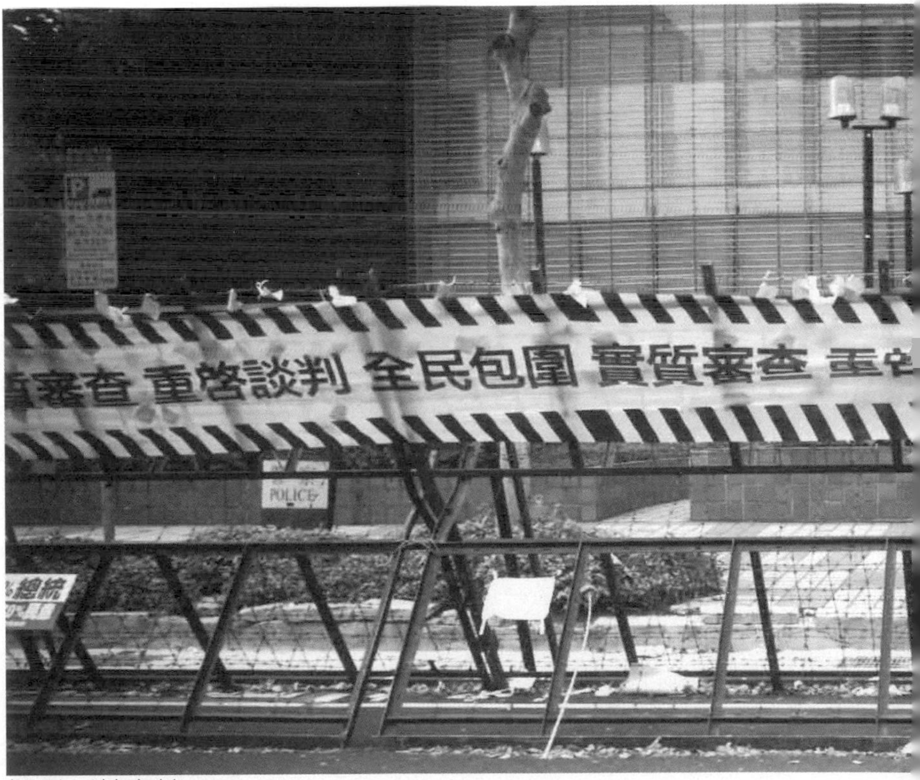


攝影／林宗諺

# 今夜誰徹夜未眠——立院隨筆

文．李嘉艾（清大社會所碩士生）

昨夜（三月二十日）孤僻的我，鼓起勇氣，隨機找陌生臉孔、未曾相識的學生、民眾聊天，很簡單地就聊聊為什麼會來到這裡，直到凌晨四點我很弱地體力不堪負荷為止。我們不曾謀面，茫茫人海中，未來應也不復相見。今夜的立院，仍無人好眠。

有別於電視跟平面報媒的偏頗報導，這一場所謂的「暴力」學運，唯有親身到了現場的人感受最深，感受到現場的「秩序」。除了第一天凌晨的混亂、衝撞，第二天的緊繃、開始休整；運動來到第三天，以人數高達三萬人的規模來看，已呈現高度的秩序跟自律，零星的騷動事件完全不影響現場活動的進行，運動的決策中心也逐漸摸索出一套跨團體的協調、分工模式。可能的話，這將會是台灣有史以來人數規模最大、時間最持久的公民不服從運動。這場運動不論結果與否，它的「成功」，不是跨議題的「運動明星」，也不是野百合世代跟野草莓世代等少數富經驗的組織行動者的合縱連橫，而是一波又一波不斷站起的「無名者」。

第一天晚上，人民攻佔立院議場後，警察封住濟南路門口，人群開始聚集，學者和社運團體就在門口外搭起了舞台，輪流上台演講，直到深夜一點，主持人三、四次徵求現場五十名壯丁前往警察已經集結，可能由此攻堅議場的青島東路大門，每次義無反顧站起的民眾人數總是超過主辦單位要求，而我也像是被這群陌生人召喚般，跟著來到青島東門口，直到時機來到，他們毫不畏懼地跨過圍牆、朝議場奔去，保護在議場內的學生。運動的第二、三天，人潮沒有散去，反而源源不絕地湧入；各地消息回報，總是多少台遊覽車即將發車或來到現場。這時，人們不停在各個場子間駐足或流動，一面上公民課，一面擔任「志願役」；場內外的主持或幹部在活動空檔徵求現場志工，又是一排人站起，在臂上捆了一圈紅繩索，前往協助物資搬運發放、垃圾清除分類、糾察指揮、醫療照護，甚至部署群眾、協助跟警方談判，清點警力人數。每一次的徵求都是缺人，但人也沒有少過。

隨著人不斷地湧入，志工需求大增，抱著想做些什麼的心情而來的「無名者」，就張開雙臂在你走過的動線上，護你前行。

外界、圈內對於這場運動的指教或批評總是熱熱鬧鬧，你可以稱讚這是組織幹部調度得當，群眾教育水準高，或是責罵指揮混亂、太過溫良恭儉讓。我繞了一整晚看見的亮點，是一位桃園航空城都更案的居民太太和一個還沒有投票權的大學女孩被一群垃圾袋包圍，她們一邊開心聊天一邊協助過往的人們垃圾分類，素不相識的兩人，各自經過同一個散亂的垃圾堆，不約而同地主動到了物資站拿了垃圾袋，結果一拍即合；在和她們談話的過程中，一個男孩停下來對我們吐苦水說想要一把掃把，因為他撿菸蒂一根一根地撿到快要瘋掉；還有一對男女，從家裡拿了垃圾袋，一到場就開始撿垃圾。為什麼？「因為我們想做些什麼。」這股想做事的能量，意味著台灣上空盤旋多年的苦悶氣氛，終於向下螺旋貫入此時此地，銘刻下歷史的痕跡。這是智慧的時代，這是愚蠢的時代，這是信任的時代，這是懷疑的時代，我們都想上天堂，人群終將散去，帶著曾面對過的，再也不能忘。

過去二十年，台灣公民社會和政治之間的連結是斷裂的，縱使二〇〇〇年後政黨輪替，歷史也只是再度證明民進黨並未修補這一點，也未能化解台灣社會長期的對立和分裂，人民自此對政黨政治失去大部分的信任。大多數人民鄉愿地在各個領域要求去政治化、對政治冷眼嘲諷，迴避面對嚴肅的社會議題，追求消費的小確幸。二〇〇八年後，國民黨和馬政府的無能統治之下，對中國喪權辱國，對國內則失去溝通的誠意和能力，在野黨無力監督，佐以台灣國內的經濟衰退、媒體亂象，中國的金權利誘、統一威嚇，人民心中隱藏著對結構性失能的「政府」，那一股不滿的漩渦，正如黑洞般不停地擴大當中。

社運人士這麼多年來始終沒有停下為台灣社會的腳步，學運也從二〇〇五年的樂生、二〇〇八年的野草莓開始儲備能量，二〇一二年當「1985」號召二十萬人為洪仲丘事件上街頭，就是給政府的一個警訊，提醒政府一件過了很久很久大家都忘記的一件事，那就是人民對政府不滿，是會採取實際行動的，直到三月十八日國民黨拒絕民主程序，宣布服貿自動生效，時機終於點燃那把火柱。

今日這場運動，不應只是「九十後的太陽花學運」，而是一種跨世代的「能量」爆發。初步觀察，現場多為學生和四十歲以前的青壯年人口。這些青壯族群許多擁有臉書，讚揚學生佔領議場的行動，以及追求和平的後續作法，也大多走過台灣二十多年來的政治風雲，對於政治的苦悶感在馬執政後這幾年得到延續和強化。有一名大哥認同台上教授所說，還好有馬英九，讓人民親身了解何謂專制統治，覺得自己離過去投身於白色恐怖下而後覆沒的人們更近了一些。有數名從未關心社會議題的年輕大學生，只怕不來會後悔，過去無法見證野百合，今日不應錯過。對未來，有人悲觀，認為兩岸遲早會統一，終將失去言論自由，所以他來這裡記錄台灣的最後一刻（說到這裡，她已開始眼眶泛滿淚水，我也忍不住心頭一緊）；有人樂觀，帶著孩子來到這裡搭亭子、幫學生畫海報，埋下民主種籽。有個女孩說，來到這裡就想起很小很小的時候爸爸帶著她去聽黨外的街頭宣講；另個男孩說，我無黨無派，沒有人左右我的意志，我隻身來此只為反對黑箱服貿。「我並不無知，政府真以為人民無知嗎？」

這是他們共同的憤怒。

但真正趨趕他們來此的原因是「我睡不好覺」，一群志同道合、舉著牌子連站了三天的朋友繼續對我說：「我們想來這裡保護學生。」因此，縱使這場運動能走到哪裡，是否確實構成某種象徵性轉變，還是僅如地震般的一次性正常能量釋放，仍是個疑問；縱使參與者的規模和組成確實有別於過去的政治、社會運動的動員網絡，其參與運動的政治社會化程度仍有待觀察，同時，這場運動的主事者也規劃了許多公民課程和論壇致力於此，我不想透過簡短談話或者是「我反黑箱不反服貿」、「我不了解服貿」這些被人認為過於淺顯的主張，而去斷定聚集在此的人們水準高下。

明日太陽依舊升起，生活照樣運轉，昨夜又是誰不得成眠？

「我不是英雄，我與英雄一同並肩作戰。」請不要辜負了他。

# 318佔領立法院

攝影／王士肯

# 我們絕不能死在更裡面的圍牆：危機意識與回歸政治

文．誠葛格（台大社會所碩士、台灣公民）

## 黑箱效應

三月十七日，國民黨立委張慶忠在廁所旁用三十秒時間將服貿協議送出委員會，大概只有社群網站 Facebook 和 PTT 不斷在分享類似訊息，報紙和電視這類傳統媒介只有少少的數筆新聞。當天晚上，我和朋友前往立法院附近參與抗議，卻只看到寥寥數十名年輕朋友，以及一些常年駐守的抗議人士。雖然服貿爭議一直以來都因為太過複雜而難以號召群眾注意，但是如此重大的協議在幾乎不受監督的情況下強行通關，卻只受到少數人的反對，仍令我十分焦慮。

三月十八日晚間，我和朋友再度前往立法院，終於看到了上百人集結在濟南路上，但幾乎都是年輕人，而且很多是互相早已認識的年輕人。當晚，有人提議是該像上次佔領內政部一樣，用行動喚起群眾的注意。因此，在九點的時候，場邊棚子的民眾仍在聆聽宣講，突然有人大喊「衝了啦！」，大約不到五十位的年輕人，立刻往濟南路的側門聚集。我看見有些勇敢的女生毫不猶豫地翻過鐵欄桿，其他人則是隔著鐵門和警察推擠。由於駐守側門的警察真的很少，我們真的衝了進去。

突然進到立法院，我完全不知道該往哪裡走。後來，聽到有人喊著「到議場」，我才跟著別人往議場走。議場大門鎖著，門前坐了一群人，是與我們同時進入的夥伴。我們在黑暗中與警方對峙，不斷高喊「服貿協議、實質審查」。警力略少於我們，但議場門前離群眾太遙遠，我想當時的人都已經做好被抬離的準備。經過約十多分鐘的對峙，聽到有人突然說要轉往別地，於是我們便跟著跑向青島東路的側門。側門的入口很小，聚集過來的民眾也愈來愈多，場面氣氛有點緊張。突然我聽到玻璃破裂的聲音，大家也開始往門推擠，有幾個人衝了進去。不久之後，議場的大門被打開了。

隨著攻佔國會議場的圖片與訊息在社群網站上流傳，不到十一點，立院周圍就聚集了大量的年輕人。而後，佔領議場並維持內部秩序的主要是年輕人，在外場靜坐守護同伴的也是年輕人。濟南路、青島東路上的人們開始湧入，形成場內由群眾佔據、警察包圍議場、場外群眾再包圍警察的態勢。

或許我們必須「感謝」這次服貿審議過程的「黑箱」。如果不是如此誇張的黑箱作業，不會有那麼多人願意站出來。不過，黑箱是造成群眾普遍憤怒的原因，但它終究只是法定程序上的問題。黑箱這種法定程序問題只是形式主義的，而我們終要面對實質問題。實質問題就是，我們到底能夠接受什麼樣的兩岸關係，台灣與中國之間的市場能夠互相開放到什麼程度，以及該犧牲哪些利益，保護哪些利益。其實，這些問題的深層，仍是世代正義的問題，是關於年輕人希望有怎樣的未來。

## 我們絕不能死在更裡面的圍牆

據三月二十六日的一份民調，年輕人是這次事件最反服貿的群體。看到這份民調時，我一點也不感意外。網路上著名的網誌「人渣文本」作者稱呼這次反服貿運動中的主體為「攻城的鬱悶世代」，其中關於大社會和小集團的分析，真的寫得很好。就這場運動（或是近年來社會運動）是年輕人鬥當權的老廢物的說法，我完全同意。不過，我認為「鬱悶世代」這個名字太過悲觀。

身為年輕人，我想各位對《進擊的巨人》應該不會感到陌生。即使沒有看過，大概也聽過這部漫畫。這是一個人類與巨人的故事。和一般故事裡的巨人不一樣，這個故事裡的巨人會吃人。人類相較於巨人，顯得弱小、無力。人類為了避免被巨人吃進肚子裡，只能躲進一層又一層的圍牆裡。圍牆既保護了人類，卻也像牢籠一樣囚禁著人類。

就在某一天，前所未見的超大型巨人突然攻破了圍牆，牆內安逸而繁榮的假象也隨即破滅。面臨巨人的進犯，人類出動了武裝軍隊。然而士兵在巨人面前也不過像螞蟻一樣，許多士兵被巨人吃掉，苟活的士兵歷經差點死亡的恐懼，不願意再走上前線。就在軍隊即將失去紀律的時候，軍隊司令向士兵們精神喊話，大意是說：不久之前，人類曾經失去了最外圍的圍牆，當時的難民們逃進現在這個圍牆裡，卻由於牆內的糧食不足，他們被迫再去圍牆之外送死。如果這個圍牆也失守，同樣的悲劇必定會重演。「既然要死，我們絕不能死在更裡面的圍牆！既然要死，就請在這裡死去吧！」

《進擊的巨人》的作者諫山創出生於一九八六年。他經歷了日本經濟衰退與就業冰河期，即所謂失落的年代。面臨這一處境的日本年輕人，被稱為失落世代。過去，南韓談到他們的社會有了類似的失落世代。現在，我們也發現自己這一代正面臨同樣的處境。曾經，我們就像是《進擊的巨人》裡躲在圍牆裡苟且偷生的人類一樣，面對紅色巨人的進犯默不吭聲。當權的老人們只會躲在最裡面的圍牆，佔盡一切資源，隨時打算為了自身的利益，放棄在權力外圍的年輕人和社會上的弱勢者。

我們是一群有著各種名稱的年輕人。成長於解嚴後台灣的我們，沒有了聯考，沒有了體罰，被認為因此而抗壓性不足的我們，被稱為草莓族。不同於上一代以電視作為主要訊息媒介，作為第一波伴隨著網路長大的我們，被稱為 E 世代。歷經十年教改，大學普及化，人人都有高學歷，卻也面臨台灣經濟衰退，畢業即失業，只能屈就低薪 22K 的我們，被稱為失落的世代。由於人口衰減、貧富差距愈來愈大、國家財政制度面臨破產危機，養不起家、買不起房、看不到未來的我們，被稱為崩世代。

然而，成長於解嚴後台灣的我們，也是最早享受到思想自由和民主果實的一代。作為第一波伴隨著網路而長大的我們，也是最早接觸到各種資訊的一代。歷經十年教改和大學普及化的我們，也是有幸能接觸和理解不同政治意識形態的一代。看著貧富差距逐漸拉大、領著 22K 的我們，也是對社會上各種不公不義有著最深刻體會，且最為憤怒的一代。如果用悲觀的態度去看待，這些變化都是危機。然而，危機其實一直蘊含著另一層意思，即意謂著歷史面臨重大轉向的時刻，不一定是負面的，也可能是正面的。

如果要替自己定義，我會說，我們不是鬱悶世代、失落世代、崩世代或草莓族，那些名字都太過悲觀。我們是位於歷史轉折點的一群人，我們面臨著各種危機，但也是轉機。我們知道民主和自由的可貴，不容許任何人來剝奪，因此我們學會參與並主張正當權利。我們知道資訊容易被政治或資本主義操弄，因此我們學會主動搜尋、判斷及分享資訊。我們對當權者的無能感到可悲，國道收費、戶政系統和各種公共建設之爛，有目共睹，因此我們學會各種反制手段去監督政府。我們清楚地看著政府與財團分贓年輕人的未來，老一輩的卻默不出聲，於是我們知道要自己站出來。套一句最近廣為流傳的標語：「自己的國家自己救。」

## 回歸政治

如何把台灣當前一連串的危機變成歷史上的轉機，我認為回歸政治是首要的一步。我們的對手不只是中國，也包括台灣的某些當權者。假使暴力是最後手段，在訴諸暴力之前，我們應該先嘗試以政治解決，而政治解決的前提是有著量多、質高的公民們，能夠積極進行政治參與和表態。

我認為，像是服貿協議這樣重大的政治議題絕對需要公民的參與與決斷。然而最弔詭的是，成長於解嚴後的我們，經歷過教改十年的我們，接受過各種政治意識形態教育的我們，卻有不少人害怕參與政治。許多人深知這些議題都是政治議題，卻拒絕參與表態。或者，當自己決定參與表態的時候，卻拒絕以政治的方式，且要求先自我「去政治化」。或許台灣大部分的人早已習慣了代議政治，以為「政治＝選舉前那幾天或幾個禮拜的活動」，或是說，參與政治的義務只限於在規定的時間、規定的地點，替選票蓋章。其他時間的政治，「啊，那大概是媒體（名嘴）、國會（政客）和政府（官僚）的工作吧？」因此，當人們發現必須對政治議題以政治的方式表態時，他們面臨自身政治語言的貧乏，並且不知道如何參與表態。

拒絕一切意識形態的「去政治化」，正是台灣社會中最詭異的霸權。假使意識形態指的是服務於特定利益而建立起的思維模式，那麼「去政治化」絕不單單只是一種意識形態。「去政治化」是一個難以掙脫的迷宮，它將各種議題舖陳為政治上意識形態的鬥爭，在你拒絕政治的同時，替你決定的政治人物們只會令你一再失望，更加堅信參與政治不能解決事情，成為你拒絕政治的絕佳理由。去政治化讓人們脫逃令人失望、噁心的意識形態，沉迷於無政治的迷幻中，也就失去了政治語言的能力。

服貿協議的黑箱效應，喚醒了許多年輕人的危機意識。我們開始注意到，代議制度已經嚴重失靈，這些當權的老人們，只會將台灣帶往絕望。透過佔領國會，奪得主席台，我們終於掌握了麥克風和話語權。這關乎我們的未來，應該由我們來決定。然而這只是第一步，現在開始，回歸政治，接下來是我們反擊的時刻。

攝影／鄒柏軒

# 從立法院到行政院

文．陳敬彥（公民／碩士班學生）

我對這次學運的參與，實際上是透過網路訊息得知，才有實際的行動。三一八當晚及凌晨的實況轉播，讓我覺得現場情勢十分不利於學生，一直到早上得知警方與立委達到抗爭某種程度的妥協，答應不再派警力硬衝，才決定在立院外廣場靜坐以免警察有所動作。但警方實在錯估學生的毅力，在運動發生後一週，包括黑島青年主要幹部以及其他支援的社會團體仍堅持在議場內。由於初期議場內的環境十分的糟糕，據我認識的人訊息回報以及私下透露，對於防範警察隨時攻破的壓力，加上議場內空氣不流通、如廁不方便的環境下，無論是在身體或心理，都造成相當大的傷害。

雖然這次運動被稱為太陽花學運，但實際上是由社會各界的聯繫與支持才能完成，而學生在這次社會運動中所扮演的角色正是促動社會關注的關鍵。由於學生還在學院體制內，比較沒有社會的包袱，故在反應社會不公義時能比較能超脫既得利益者的觀點。而學生與社會議題的關聯，也從不局限於他學生的身分，而是廣泛地參與社會各個議題及階層中，從這幾年以來的社會運動，無論是環境議題、居住正義、核能方面，學生的參與程度與發散都具有相當的影響力。

包括我在內，參與這次活動的大家，主要都是所謂的七年級生以降的群體，我們的成長，是伴隨著台灣解嚴後的民主發展歷程，沒有受到上一代威權統治、白色恐怖以及種種侵害人權直接的國家暴力，但在我們就學的過程中所接受的就是民主政治、憲政民主以及人權的普世價值，同時也承擔了台灣歷史共同記憶的壓力。因此，對於這次反服貿的抗爭，我想除了是我們學生出自於對教科書式歷史塑造經驗所感到的恐懼，同時也是對於政府反民主的嚴重抗議。

對於參與這次社會活動，我十分感謝雙親尊重我的選擇，雖然他們不時的在意我的學習狀況，但相較之下，仍然是有溝通的空間。因為周遭朋友間已聽到不少家長是反對他的子女參加，甚至引起家族革命等等，尤其在運動發起的頭一週，是情勢最緊張的時候，在現場也不時傳出滋事分子在外圍伺機挑釁，一度讓家人十分緊張。不過正因為這次的參與，也影響父母親對於社會運動實際參與、在場的看法，父母皆也以不同的形式對這次運動表達他們的支持。

隨著這次學運的發酵，社會上確實出現較多元及多面向的討論，針對反服貿、反黑箱開始有本質上的討論。有些人認為，反對服貿就是在反對中國，甚至也將政黨、統獨問題拉入討論的過程。然而就實際上來看，反對服貿不見得就會得出反對中國的結論；同樣的，反對服貿也不會因為政治光譜、統獨意識而有相同的連結，很多人僅就直性的觀察做出如此歸結，缺乏對於過程的脈絡化理解，無疑是倒果為因混淆視聽。

有關這次學運訴求的反服貿以及反黑箱兩個子題，綜合我在現場、網絡社群意見的觀察可以發現反黑箱是最大公約數，但對於反服貿本身有不少的歧異。個人認為，反服貿的目的，在於針對這次所簽訂內容的不對等的事實，如果你問專門做經濟研究的學者，基於自由市場開放原則，不會有人反對各國間的服務貿易協定，但是對於服貿內容本身是否真的符合台灣利益以及對等與否，我想這才是這次反服貿的最根本。

佔領行政院，實際上是可以預料的。中午的記者會後，發現到立院場內主要核心的領導階層對於府方無視學生意見的回應，一時之間似乎沒有即刻、強力的對策，然而就整個學運發展的狀況來看，時間、服貿議題學生都一直無法掌握主導權，學生唯一的武器就是持續佔領以因應府方的以拖待變，或者採取行動突破僵局，因此在這樣的氛圍下而有行政院的佔領的事實。而這變數在立院內的黑色島國青年也許早已知道，但可能也無餘力進行運動。從當時的局勢來看，佔領行政院確實有相當的風險，而且很容易成為媒體、社會不在場群眾所攻訐的標的。

我大約是在晚間八點多抵達台大社科院，後來聽到行政院已經被一部分的學生衝入，於是立即趕赴現場。到達現場後，正好遇到正門口的警力從庭院內撤出，以為警方應該臨時無法增調人力遂以退為進，由於一時無法進入正門，遂轉進到側門，發現面對警政署側門有大約百人左右的民眾，面對相對少數的警力席地而坐，周邊則是圍繞許多看熱鬧的群眾。當時現場氣氛很詭異，不時從政院內側庭院傳來民眾的口號，而且盛傳警察把人押入房間暴打的消息。由於透過電話聯繫得知認識的人都在裡面，在確定他們沒有受到傷害後，才鬆了一口氣。

我們在側門一直靜坐，期間不時與警方發生小規模拉扯衝突，一度有台派團體試圖架梯子從二樓突破，但進入的人旋被二樓的警察所制止，事後才知道整個行政院建築物內，包括二樓以上的樓層，其實都已經部屬相當多的警力。而約莫到了十點左右，據聞警方調動大批警力支援，包括鎮暴部隊以及水車，情勢十分危急，而背後的看熱鬧的群眾也自動散去，在中山南路已經可以發現至少有三到四層警力全面封鎖路口，警政署後門也有約五十名鎮暴部隊駐守，當時因為資訊缺乏，不知道天津側的鎮暴部隊已經開始清場，事後才知道那邊是流血最多的地方。

在將近十二點左右，我們這側的指揮在與臨時到現場的另一個指揮討論後，決定率眾暫時離開側門，由於當時不知道正門已經可以進入，故對於這項決定十分的驚訝也感到不認同，認為他們拋棄被警方包圍的群眾。十二點半，我從正門口進入到行政院廣場，與同學匯合，並在行政院右側的中庭再度集結。此時已不時聽到警察與群眾互相爆發的口語衝突，甚至周遭圍觀的群眾多次有向警察丟擲礦泉水瓶的舉動，不斷的升高緊張態勢。大約在兩點左右，警察開始將最前排的群眾逐一的拉走，由於我位處中段，判斷前方抬人速率緩慢，樂觀認為只要撐到早上八點上班時間，這次佔領就有實質意義。但隨著鎮暴警察短促的威嚇聲以及群眾因為被拉扯而發出的驚叫聲，且不時爆發小型口角衝突，越加覺得警方驅離的決心堅定。大約近兩點左右，內場負責為持場面的志工向行政院外的民進黨籍立委求助尋求阻擋警方暴力驅離，但效果很有限。約莫三點，終於輪到我這一排，過程警方沒有對我使用暴力，有勸說是否要自己站起來，但我都沒有回答，於是大概有兩個人抓著我的外套向上提，但因為重量太重了，我的膝蓋一直磨在地板上，後來受不了只好站起來，並馬上被推到警方人牆之後。當我戴起眼鏡時，發現兩側圍滿警察，中間留下一條讓被抬出來的人通過的通道，不斷的要我不要留在走道上。離開行政院後，天津路周遭已完全被警察包圍，已經很難再透過群眾聚集來做進一步的行動，因此隨後便和同學匯合返回住宿處。後來返家路途上陸續接到消息，水車一度迫近到青島東路與中山南路路口，雖然緊急但卻也無力再繼續投入參與。

從整體大戰略方向來看，佔領行政院的群眾，包括我在內，對於立院內主訴求仍然一致，差別在於採取的是積極的主動突破僵局、創造議題發散機會，透過佔領行政院的戰術達到目的。不過說實話，當時行政院警察驅離方式若是採取非暴力的抬出，或許這次的外部效益就不會這麼大，也不會成為國外媒體爭相關注的焦點。說到底，府方的執行策略失當，正是這次行動戰略意義上成功最大的關鍵，由此也凸顯府方與行政單位間的互動不見得同調。

三三〇的遊行是在經歷近兩個禮拜的社會醞釀以及學生持續佔領立院的情況下所產生的，在短短三天內達到五十萬人的參與（下午一度聽說達七十五萬人），尤其面對政府不斷抹黑、外圍團體不斷動作等多種阻撓，實在很不容易。而在人群組成複雜的戶外活動，要維持並免發生意外，並非由立院內的學生團體所能全部擔負，因此有了民間其他社運團體的支援，否則這次運動不會如此順利結束，其中只要發生衝突，實際上的責任都在主要學運關鍵人物陳為廷、林飛帆，其所擔受的壓力可想而知。

綜觀台灣社運發展史上，如此規模的社會運動也可謂是空前。而在行動訴求，或者說是這幾年以來的大型公共議題社會運動，其形式也和民主化前夕的社運模式十分不同，只是在這次運動過程中，理性和平的溫和訴求到極大值，也讓國外媒體感受到不一樣的抗爭方式。不過回到行動目的本身，雖然在短時間內促成眾多人民上街頭對政府施以壓力，但府方態度堅定，並未因為本次活動而有鬆動，儘管在外部效果方面雖然未如行政院佔領來的大，但創造另一個歷史集體記憶的凝聚。

其實我並未預想到三一七立法院內諸公荒腔走板的行徑，會為台灣社會造成如此巨大的衝擊及反應。直到學運發展至此的今天，我仍覺得彷彿在台灣民主歷史發展的倒退與進步間遊走，一方面發現新生代年輕人對於公眾事務以及民主參與的高度熱誠感到高興，卻也為國家赤裸裸的暴力以及社會內部對學運的不安感到遺憾。

面對國家暴力，人民有行使抵抗權的義務，但台灣人似乎忘記自己擁有這項權利。在國民黨威權體制的閹割下，上一代對於政府噤聲，並教育著下一代不要參與政治，營造出國家暴力是被理性和平精心包裝的假象，因此所謂的「理性」群眾在指責這些社會運動暴力非理性的同時，卻忽略背後國家權力不對等的暴力陰影。社會運動的本質，基本上可以說是建立在國家與人民權力不對等，以及無法循體制內有效手段達成時不得已所產生的抗爭手段。因此如何正視社會問題，不能永遠期待「大有為」政府包山包海解決，而是要個人或社群積極爭取並同時避免國家侵害應有的權益。

然而藉由這次的社會運動，也確實發現台灣民主化過程中仍然存在不少過去的白色恐怖時期遺存的遺毒。在寫這篇見聞的時候，聽到已經在高中教書的同學表示他在上課過程被要求禁談這次社會運動的內容，讓人彷彿重回到戒嚴時期的言論自由的箝制。更有甚者，府方在追究這次社運造成的違法事宜時，竟然援引已不存在的《懲治盜匪條例》！如果這不是戒嚴體制復辟什麼才叫戒嚴體制復辟！更遑論服貿本身即已違反了憲政權力分立制衡的原則，讓人體悟到台灣民主進程並非直線前進，而是持續在倒退，對於在歐美印象裡台灣是亞洲民主化成功的表象中，尤為諷刺。

從三一八佔領行動到現在（完稿日期：四月三日），已經歷十七天，這期間無論是在現場或者是從網絡媒體言論的關注，都可以發現到太陽花學運一直盡力的在符合社會大眾或者是政府所期待的理性和平的形象，策略上作為吸引群眾持續關注參與或許具有正面意義，但作為向政府抗爭的社運團體，在某種程度上應該採取超出政府預設的運動模式，以各種可能手段迫使政府正向回應。當然，我並沒有否定立院的黑島青年領導階層的決策，事實上我必須承認，如果沒有他們衝撞立院的動力，可能這個社運就無從發起，也不會有三三〇大遊行，更不會讓這個攸關國家利益的問題受到正視。因此除了持續現在佔領立院的手段外，立院外圍的公民行動應當是接下來扮演積極牽制政府的重要策略。民間由各公民組成的團體或社群也開始藉由網路號召，充分行使公民權，包括彈劾、要求調查追究行政院鎮壓事件政府的責任、發動地方聯署立委罷免來牽制在立院委員會服膺黨紀的國民黨立委等，均可改善現在被動的態勢，同時也可深化公民意識的內涵。

雖然學生在這次社會運動中是關鍵的主體，卻難免出現以學生為中心的我群意識的言論，這對於集結社會資源、人力的社會各界，是很不公平的。同時，對於如何看待為反對而反對的群體，一直強調以現在的社會響應才是代表真正民意的多數暴力，顯然也未能跳脫部分立委言論中數人頭式的前近代民主價值觀，不免讓人感到憂心。而在不同意見的對話上，直到現在，有關服貿的議題一直未在台灣社會形成有效的辯論，而這同時也是這十幾年來國家大型公共議題一直存在的問題。因此，要如何包容其他不同的意見，並對雙方認知不同的部分有更進一步的討論，是目前台灣公民社會較欠缺的。

攝影／ Veronica

# 十七歲的女孩

文．呂秋遠（東吳大學助理教授、律師）

下午六點，我在跟客戶談一件案子，已經是今天第四個會議，還不包括早上兩個庭。臉書的螢幕中，跳出一個對話：「律師，我是那天跟你在法院碰面的高中女生。」

是的，我記得她。幾個月前某天的下午，應該是過年前，我在新北地方法院開庭，那天下著濛濛細雨，庭訊結束時，我迅速的離開法院，準備回去開會，這孩子跟著我衝出門外，問我是不是呂律師。

細雨紛飛，我們兩個人就站在法院外。我有點意外被認出來，但是她毫不怯生的問我，關於法律系的一切、關於律師的正義。我有點好奇，她為什麼會想要來法院旁聽，畢竟她才高三。

她說，因為她想要實現心中的正義。

我看著她清澈的眼神，不忍心破壞她的理想。但是，我很感動有這麼棒的孩子願意踏實的堅持她的理想。所以我給了她名片，告訴她，當她考上法律系，隨時來找我，我會讓她在事務所工作。

回到事務所以後，這件事情沒再多想，但是我一直記得這孩子。有時候很有趣，我的臉書朋友，似乎有部分族群是高中生。其中有一位高中生，她會把她的心事告訴我，但是不會想要跟父母說。我總是靜靜的聽，很少回應。

這又是一位特別的高中生，我常在想，我們社會，怎麼會有這麼優秀的孩子。

公用電腦上的這通簡訊，喚醒我的回憶。畢竟還在開會，我簡單的在訊息欄上打下幾個字：「請說。怎麼了？」然後，繼續與客戶討論案情。

回到辦公室，打開自己的電腦，細細的閱讀她的文字，我幾乎潸然掉淚。

我沒有太多能力可以支持這場運動，只能默默的發文，影響一些同學，也就是我們國家的主人、未來的希望。

但是，當政府開始「鎮壓」這群人，或是用政府的角度說，呃，「驅離」。

是的，這個案例是真實的，因為她看完我在臉書發表的文章後，馬上發訊息跟我澄清，她剛滿十七歲。

在我眼裡，她是個特別的高中生，因為我在她那時候，自詡為紅樓才子，除了念書外，每天就是風花雪月，對於未來的生活，並無計畫，也無所悉。那個時代，大人要你念什麼科系，那也就這麼定了。我的父母雖然不管我怎麼選填志願，當然是件好事，但是也代表我無人可問。我這輩子，到目前為止，就是很多的運氣加上一點努力，得到了一點點成果。真要感謝父母，就是他們給了我自由的空間、健康的身體、不笨的腦袋，但是他們所受的教育不高，沒辦法給我任何的方向，只能讓我獨自去飛。

所以，我看到她，就像是看到升級版的自己，覺得好親切。

這孩子，在三月二十四日，因為坐在行政院門口，被執勤警員用拖行、抬走後重放的方式，身體多處擦傷、瘀青。而最令她驚悚的是，警察就在她面前，用警棍戳打另一個相同年紀的男孩，頭破血流。

他們才十七歲。我好生氣，也好傷心。十七歲的孩子，就懂得嘗試去理解民主，嘗試去參與改變自己的未來。

他們可能不懂服貿，對，沒有你們大人懂。但是他們肯定沒有被煽動。她告訴我，她對於服貿在幹麻，其實不是很瞭解，但是她想要去看看什麼是抗議、什麼是反對，而「暴民」又是長什麼樣子。

當天晚上，她跟另一個女孩子，一起到立法院，她驚訝於這裡的秩序、這裡的演講內容、這裡的人。然後，他們聽到有人「攻佔」行政院，所以想到那裡看看。然而到了現場，一片混亂，加上同學的爸爸打電話要他們離開，所以他們又回到立法院。轉眼間，已經十點，同學得回家了，於是，她一個人漫步到行政院，想看看那裡後續的發展是什麼。等到想走的時候，已經走不了。接下來，她的文字是這麼說的：

「我想說，在當下，我真的相信只會被抬離。到現在我想起，還是會忍不住的顫抖。凌晨四點多，指揮的人做最後的指導，要我們被抬離時務必放鬆全身，然後記法扶電話。不久，身前原先的警察全換上持圓盾和警棍的鎮暴警察，接著二話不說開始拉人，是誰我也沒看清楚，只知道我不斷被拖行，就兩手被抓著，臉也擦傷，警察把我重重的扔在地上。之後我沒力了，我眼睜睜看著原先在我身旁的男生，被用警棍狠狠的戳、打，我又被推倒然後拖行。之後我只知道頭好痛、臉好痛，但是大家又在一個定點坐下，我繼續坐著，水車進來，開始噴水，然後我又被拖行，直到院外。我腦筋空白，睜睜的望著裡頭的一片狼籍。只聽到民眾叫大家不要挑釁警察，可愛的是，在院外大家丟垃圾還不忘分類。五點十分，指揮說快天亮了，我們不差這一個小時，我慢慢的走出人潮。」

「天亮了，我只有個念頭，我得趕緊回家換上制服然後上學，到保健室請護士阿姨幫我上藥，直到中午我無法自己的痛哭。整件事中我慶幸我是一個人，若是和朋友在一起，多的只是擔心。」

我看到這段文字，我好心疼。我發誓，這如果是我女兒，我一定會推翻這個政府。誰拖行我女兒，我肯定會殺了他。誰讓我女兒哭一下子，我肯定讓他哭一輩子！

聽到她被拖行、被丟下，全身是傷，目睹另一個男孩被警棍戳打得頭破血流。

這是台灣？

是誰！讓這個十七歲的小女孩，目睹這樣殘忍的事情，被警方像豬一樣的拖行？是我們！當然是我們！因為我們有這麼殘忍的政府，而他們，都是博士。而她，還未滿十八歲！

而冷酷的大人，也就是她的父親，在聽到她受傷以後，竟然只是淡淡的說：「自找的。」

她說，她的同學們都在準備指考，但是她想要在選擇科系前，多關心這個社會，決定自己要選擇什麼。同學笑她不切實際，可是選擇了自己不愛的科系，四年後又會是什麼呢？

我忍著眼淚跟那孩子說，我會把她當自己女兒一樣的栽培，只要她上大學，就來我這裡工作。我要讓她知道，我們還是有能力實現正義，而且，她不孤單。

樺（華）妃的故事好看嗎？很好看，真實的人生，其實很悲慘。

但是孩子，你有我的支持，我以你為榮。

攝影／鄒柏軒

# 那一晚行政院，之後

文・劉毓翔（輔大社會所碩士生）

## 二〇一四年三月二十四日晨 捷運女孩的側影

清晨與曙光，在所有過去被述說的故事與想像中，總被視為希望的象徵，但在這個故事裡，三二四的早晨，卻實實在在的，成為民主法治精神蕩然無存的黃昏。

由忠孝西路的天橋向行政院方向眺望，台北101伴著晨曦堅定地聳立在遠方。眼前則繼續上演著水車與鎮暴警力集結前進的荒謬劇碼，人群被驅離而散去，彷彿宣告所謂的民主黎明終不會到來。

自三一八佔領行政院行動到現在，再也沒有任何一個時刻比此刻更加黑暗與絕望；不忍心看到全劇終的我轉身離去。

放空的腦中，間歇地閃過這些天守夜的畫面。多少老師與學生的盼望，多少團體與組織的努力。同時，也是多少公民們衷心盼望可以到來的真民主，所有的所有，似乎都將化為烏有。

下一秒，回過神的自己，漫無目的地在空蕩的捷運中遊走。隨著空間穿梭到下一個空間。一幕畫面在我眼前定格。

那是一個批著毛毯，且頭髮濕透了的女孩。

很快的，我意會到，她肯定是跟我一樣的，從類似的、相似的方向走來，並期待著能夠有所作為，能夠一起讓世界變得更好的女孩。

但是，當我正想走上前的那刻，她卻開始毫不保留的，在捷運上啜泣起來。又或者，那哀傷與悲痛，已經由不得她了。

我思考著，對於此時此刻的她來說，一個陌生人的擁抱，會不會是此刻她所需要的溫暖與力量？還是，這種形式的關心，反而變成另一種壓力，讓她沒辦法完整的宣洩完那樣的情緒、那樣的痛。也或者，她所期待的，是一種更大的擁抱吧？——帶著自由的嚮往與五彩繽紛的那種——我想，如果是那樣的擁抱，就肯定不是我所能給得了的。

肯定是這樣！

所以就別多此一舉了，頂多以戰友的身分打打氣吧！

才在心中如此打定主意，卻發現那女孩早已離開，隱沒入這灰暗且不帶色彩的城中。

後來的她，究竟會不會得到，那樣的擁抱？始終不得而知。

也或許，又是另外一個故事了。

## 二〇一四年三月二十五日 晚間 來自深藍家庭的聲音

在濟南路側，人聲鼎沸，絲毫感受不到前一天凌晨的肅殺氣息，取而代之的，是公民對於政府更多的憤怒與更多人的聲援，放眼望去，甚至覺得比起先前週末的時候都還要多人，前一天對於本次學運即將落幕的悲觀想像自然也煙消雲散。

此時此刻，一位因著昨天行政院血腥鎮壓，進而改變對於學運態度的朋友，年齡在二十五歲左右，他的父親係國安局退休之外交官，而母親與其他的所有家人，在這層關係的淺移默化的狀況下，自然都是服膺於忠黨愛國想像的忠貞黨員；然而，昨天凌晨的抗爭與血腥鎮壓，已經嚴重的衝擊到了這位朋友，對於民主法治精神的想像與期待；他怎麼樣也沒想到國家暴力可以被用來對付手無寸鐵的人民與學生，這是他絕對不能接受的事情。因此他來到了現場，除了希望透過親自來到現場現身感受真實之外；同時更加緊的閱讀著所有手邊能夠拿到的資料，極力的補足這些時日因著媒體的壟斷與種種因素，所漏失的各種資訊；其中當然不乏有在場新聞小組與工作同仁所發的服貿協議相關條文之討論、黑箱服貿究竟多黑箱、以及學生團體的主要訴求為何等等的傳單，而我與這位朋友之間的訪問與對話，就在資訊的傳遞與討論中展開。

「你因著什麼樣的理由想要來到這裡呢？」

「見證歷史！」

「你今天來到這裡，會擔心有被鎮壓的風險嗎？在心情與心理上的調適又是怎麼樣的狀態呢？」

「其實並不會擔心，總覺得他們不會再來了。心情上的話，其實我是全家裡面唯一個支持這次抗爭行動的，然而我始終覺得該有的底線還是必須保持著（執法過當與否的限界），這種奧步不能開先例。佔領行政院雖然是敗筆，但是行政首長及警方利用機會公報私仇，還又企圖掩蓋事實的行為實在不可取，讓人不禁懷疑所謂的公權力究竟是為人民把關還是流於私人的工具。事實上我始終認為自己是不理性的代表吧，所以來到這裡自然也是帶著心理準備的，就像是一手白鴿一手汽油彈的概念吧。既然牧羊人希望保護他的羊群，那麼自然有可能免不了與狼群拚死一搏，而我也準備好了！」

## 二〇一四年三月三十日 深夜 被遺忘的光頭哥與他的朋友們

在充滿了感動與激情的凱道大遊行之後，跟著自己多天以來的戰友回到了濟南路，意外的是，其實人並沒有比較多，某些程度來說甚至覺得靜坐的人數與守夜的規模，都比之前還要小的多了，或許是大家覺得今天已經達成階段性任務，又或者大家知道是長期抗戰所以需要養精蓄銳。

在靜坐人數不如以往的情況下，連帶著也影響到志工小組的人力，自然也就比較沒有所謂自發性的糾察小隊出沒了，於是時序就慢慢的推移到了深夜，本來已經熟睡的我，被一些嘻笑打鬧的聲音吵醒，也就稍微起身瞄了一下，這才發現那真是一群太有趣的人們了：這些日子以來，他們是第一群直接在濟南路上抽菸喝酒的人，同時他們所談論的話題更是開放而毫無顧忌；隱隱約約地聽出他們目前多是上班族，然後一起利用下班的時間繼續玩樂團，期待能夠讓自己所經驗的世界稍微有些不一樣的人們；然而這樣大辣辣的作風自然引起了周遭人們的側目，但是很明顯的，他們並不在乎；然而這樣無視禁菸禁酒的不成文規定，也不在乎異樣眼光的舉動實在是太讓我好奇，便起身搭話開始了簡單的攀談與閒聊，這才知道原來他們這群玩樂團的朋友，與三一八攻佔立法院行動的光頭哥，其實是相當熟識的朋友，某程度上也就稍微有點豁然開朗的感覺。不過可惜的是因為自身早已揭露了公民記者的身分，因此他們的論述開始有點彆扭跟不自然，有別於我原本躺著偷聽到，那種充滿生命力與真實的言論，以下便針對這個簡單的訪談作一些簡單的節錄與整理。

「哈囉，你們好，請問你們常來這邊嗎？因為你們是我所看到第一群會直接在靜坐區裡面抽菸喝酒的人……然後請別太介意我這麼說，因為其實我並不是帶著貶抑或者是道德勸說的態度來跟你們攀談的，那我會好奇的是，你們這樣的作為不怕被異樣的眼光嗎？不怕被其他人嘴碎嗎？」

「嗯……某程度上來說我們並不會認為有任何人有權利管理這件事情耶，畢竟按照現行的任何法條都不會禁止我們在這裡抽菸喝酒吧？就算是在立法院裏面也是啊，誰說不能喝酒的？不過若是真的酒駕被抓什麼的就當然是不 OK 的；像你還記得那個光頭哥嗎？其實他是我們蠻好的朋友，他那天就是第一批衝進去的啊，當然我們很多人也都在唸他說他影響了活動初期的氛圍，所以一直對你們學生啊什麼的還是不大好意思啦，真的給你們添太多麻煩了。」

「老實說，在我的想像中他會被放大檢視，其實就是典型的欲加之罪何患無辭吧？所以我一直不會覺得光頭老是有罪的唷，對於我來說是這樣想的……」

「但是我們還是覺得對你們學生不大好意思啊，畢竟我們也不是特別懂這些服貿什麼的，然後光頭哥那件事情也肯定對你們運動初期有影響的吧，真的很不好意思……那除此之外，我們就是覺得你們在做對的事，希望能夠改變現狀讓未來更好的事啊，所以我們也真的很希望，能夠一直在這邊挺你們，希望你們要好好加油努力下去；你也知道行政院那時候被亂打對吧？那時候啊，我們也有朋友在那裏被圍毆的啊，甚至還被邀請上新聞挖挖挖什麼的，那個被打的朋友你知道怎樣嗎？他看到媒體被趕走了，狀況不妙了其實就想閃了，但是警察根本不管啊，直接圍起來就打，甚至嚴重到還把衣服褲子扯破了這樣，邊打邊喝斥他，叫他把手機交出來，然後一拿出來就直接往牆外丟出去了！超狠的……不過後來是有找回來啦……不過裂痕損壞那都是一定的啊，真的很可怕！所以你們學生在這邊靜坐什麼的，都還是要多小心一點，我們能來就一定會盡量來的啦……那我們就先走了，加油，祝你們成功。」

（並沒有希望留下聯絡方式……可能是我的切入太突兀了導致後來並沒有很順利地問到太多事情與資訊……）

## 〈關於說故事的人〉

在任何時候、任何場合，我都希望自己是一個好的、說故事的人。因為這樣或許就不會預設立場，也就不用針鋒相對——每當一些討論的場合變成類似辯論的競逐的時候。我總還是希望，至少能夠讓彼此的靈魂更加靠近，讓彼此話語的溫度相互照映。

即便當我們在做論述的時候，或許不可避免地有立場的選擇。

同時或許以為自己已經選一邊。也誤以為其他人就非我族類的在另一邊。

但是，當我們把畫線的基準點放在「如何才能夠讓台灣進步？」「如何才能夠讓台灣更好」這樣的提問的時候，是不是我們會比較容易站在同一邊？我們在跟朋友、跟家人，甚至跟情人爭得面紅耳赤的時候，是不是已經忘了我們其實不應該被分化，也不應該仇視彼此。

我必須承認。我始終還不是一個好的說故事的人。

但是我還是希望呼籲大家，冷靜下來，沉澱下來。媒體可以看但是不能盡信，懶人包可以看但也同樣也不能盡信，循著各種途徑與脈絡找尋你所好奇的真正答案與解決之道。

唯有更加了解問題的核心，才能夠真正靠近互相理解的可能。

盡可能的，不要妄下結論與判斷，直到眼前的證據與理由足以說服自己。以及讓自己可以據此說服他人，此時此刻我們還需要更多真實。

不論是到現場走走也好，不論是多方涉獵各種網上論述也好。永遠別忘了我們同在一個島上，我們是不應該被分化的共同體，即便我還只是個高不成低不就的小魯蛇，一介私校研究生，我還是希望能夠呼籲大家一起努力、一起加油，一同寫下美麗的故事，一起讓台灣變得更好！

# 給補習我警專歷史課的學生們

文・高子壹（台大社會所博士生、補教老師周好）

上次上課那天，發生了三一八學運於行政院前強制驅離的場景，我笑著跟你們說：「我本來還在想今天有多少個學生會來，會想考警專，沒想到你們都來了。」我後來想想，上次的分享其實滿失敗的，補習班老師當久了，會有一個很不好的習慣，把本來該嚴肅討論的議題輕鬆化，拿來當做上課的梗，逗學生笑，而忘記了，這是個嚴肅的議題，不是笑料。在這一點上，我上週做得非常糟糕，真的很抱歉。

我跟你們說，星期一凌晨，我看到一個男生哭著邊講電話，邊走出來，他爸媽都是警察，也都在現場，而他被抬出來，他一直在電話中問他的父母：「你為什麼要這樣？你為什麼要這樣？」雖然我把它當一件輕鬆的事情在談，可我其實好難過。我沒跟你們說的是，我當場還看到一個男生，被警察打趴扛出來，救護車載走他，有抗議民眾跟警察喊話說：「剛剛被載走那個，現在昏迷了，可能會出人命。」然後有個臉方方的警察，戴著帽子，嘴角勾著，笑。我一輩子都不會忘記那個笑容，那在我心上畫下了深深一刀。

我不知道你們為什麼會在這裡，為了未來能當個警察而努力。也許，你是為了一份安穩的工作，也許，你是為社會進一份心力，不論原因是什麼，進入國家體制，是光榮的工作。

我有許多朋友是公務員，有許多朋友是老師，在許多議題上，他們的看法與我不盡相同，有的時候，他們會站在我的對立面，可是，我仍然敬重他們，敬重他們堅守崗位，不論在多麼微小的事情上，心裡都高掛著服務人民，教育學生的本意。他們只是龐大國家機器裡的小螺絲釘，可是他們是了不起的螺絲釘，一個沒有堅持，沒有理想，沒有為了更美好的社會奮鬥的想法，只想坐領乾薪，安穩退休的人，不應該當公務員。公務員的工作涉及這麼多的國民，每一舉一動，都會影響人民的權益，應該謹慎看待，不該等閒視之。

螺絲釘屬於國家機器的一部分，它是國家的工具，所以，如果你考上警察，未來面對任何的抗議現場時，希望你知道，社會運動針對的目標從來不是你，而是你上面的，做出決策的人。同樣地，警察很辛苦，社會運動發生的時候，有時會停休、過勞或者有調動的需要，可是，做出這些決定的，也不是抗議現場的人，而是你的上司。

二〇一二年六月，警察家屬站出來，為了警察的工作權益上街頭，去年十一月，為了工作超時的問題，消防員、醫生、護理人員也上街頭，工作崩壞是全台灣必須共同面對的問題，請不要把矛頭指向現場跟您站在對立面的抗議人士。因為，你是屬於國家機器的一部分，你有權力，而往往，被逼上街頭的人，是走投無路的弱勢者。

上街頭不是輕鬆的遊戲，如果不是體制內的路已經走不通了，沒有人會想餐風露宿。也許你會說，國家有法，警察需捍衛法治，你說的沒錯，做得也沒錯，但也請你緊記你說的這段話，國家是有法律的，未來，你行使職權的時候，拜託請記得，依法行政。

為什麼會這樣提醒呢？星期一凌晨的驅離行動，我旁邊許多男生是被偷踹偷打的，從電視或網路的畫面上，你可以看到某些警察執法過當的畫面。國家是有法律的，這些被錄影下來的畫面，未來可能會成為呈堂證供。

有些朋友看到這些新聞會說：「警察待在那邊那麼辛苦，好幾天，火氣大，如果是我，我也會受不了。」嗯，我連續上了好幾個月的課沒有休假，我也很累，我也受不了，國中生還不乖，今天上課來打學生好了。這種說法只要經過檢驗，就知道完全站不住腳。

警專考試需準備歷史，準備地理，沒有公民科，可是各位同學國小國中高中職階段，早就受過許多公民教育，相信你們都知道，警察屬於行政體系，只是國家的工具，只有司法體系，只有「法官」才能定人民的罪，才能制裁人民。人民犯法，自有法律制裁，警察如果犯法，也會受到法律的制裁。

我們今天上歷史課，就拿歷史來說說。你知道嗎？當年為了避免東德人民逃往西德，東德警察射殺攀爬柏林圍牆的民眾，後來，這些警察被揪出來判刑。有些人會說，我是遵守上級的命令，可是歷史就是這麼弔詭，它站在勝利者這一邊。看到這裡，你也許跟我一樣，覺得警察好可憐，是呀，警察好辛苦，可是警察也好偉大，影響力好大，所以會被以高標準來要求，這是必然的。

最後，提醒你一聲，穿上制服的時候，警察是國家機器，脫下制服的時候，警察也只是國家公民，身為公民，你可以有自己的判斷力，對國家政策，也有選擇權。你們今天可以坐在這裡聽講，相信你們運用資訊的能力不差，只要你願意，你隨時可以獲得對於任何國家政策正反兩方的各種意見。請不要偷懶，請不要人云亦云，請記得你成長至今，培養出來的獨立判斷的能力，不管你今天對於服貿的意見跟我一樣，或者跟我不同，我都希望，那是你蒐集過資訊後，自己做出的結論。然後等你穿上警察制服的時候，請不要忘了你國中公民老師的教誨：「民主國家的權力來自於人民授權。」你的老闆不是行政院長，不是警政署長，是兩千三百萬台灣人民。

祝福你。

# 你總要親自走進去，坐下來，才會明白一些什麼

文・李佳欣（文字工作者）

第一次踏進「現場」，是立法院被攻佔的第四天下午。青島東路上擠滿了人群、帳篷與新聞SNG車。戰鬥的中心基地是被青年攻佔下來的立院議場，學生從窗戶垂掛下寫滿行動訴求的白色布條，並在二樓外牆噴上了醒目的黑字「當獨裁成為事實，革命就是義務」向駐守在外的聲援者宣告著堅定的意志。而人群便是從這裡一路向兩旁蔓延直到林森北路與中山南路上。順著疏散人潮的方向走，穿過立法院正門口的台獨公投聯盟後，立院另一側的濟南路上也有兩個舞台，柏油路上同樣坐滿了聽講的人群，四條路連在一起，恰好形成了一龐大的「圍城」態勢。

外面的人看起來，這是一場集體的戰役，「群眾」只是一張張模糊、平面的臉孔，他們只能跟著領導指揮高喊「退回服貿、捍衛民主」，齊力對抗顢頇的政權。但事實上，對這一

個世代的青年來說，聚集到前線，從來就不只是為了打贏「同一場」戰役；許多人帶著不同的問題意識前來，可以一齊打擊共同的敵人，卻也隨時警覺地捍衛著各自信仰的價值。即使是一個毫無組織的個人，也不會輕易為了追求對外的一致性，忍受對自身歧異性的壓抑。

「聽說佔領立法院成功後，我們就到了現場。我覺得現場的群眾跟過去參與社運的熟面孔不太一樣，不少是帶著能量自發來的人，我就想應該可以做些什麼，」現為台大醫院住院醫師，也是「P.L.U.R.S.」電音反核陣線的成員之一的郭家穎說。他打了幾通電話跟夥伴討論，雖然大夥還不確定要做哪些事，決定先把電音帶到現場再說。三月十九日晚上，幾個年輕人就搬了一台音響到濟南路上。

「P.L.U.R.S.」電音反核陣線是一群愛好電子音樂文化也關注社會議題的年輕人，在反省電音文化與核能議題的關係後，決定組成「P.L.U.R.S.」電音反核陣線，P是和平（Peace）、L是愛（Love）、U是團結（Unity）、R是尊重（Respect），S則是抗爭（Struggle）。去年跟今年他們都出動了電音卡車現身反核遊行，用音樂節奏跟身體擺動表達對核能霸權的反對。

## 大舞台的宣講聽久了，人會離去

一開始，他們上大舞台放音樂，想增加台下群眾彼此間的互動。但不久後發現台下的人反應有些冷淡，似乎還不太習慣電音的氣氛，也比較期待舞台上有人帶領他們做些什麼。於是他們決定改變形式，每天在接近出入口的校友會館前空地播放電音，之後就拿起麥克風讓來往的群眾發言，說出自己反服貿的理由、來現場的感想。第一次嘗試，就引來約五十多人參與討論，為了讓大家都有機會說話，只好再分成兩個小場。連續兩、三天下來都從傍晚七、八點聊到凌晨四、五點。

累積幾晚後，參與這個討論的人越來越多，包括第一天就攻進立法院的上班族、主動加入現場排班工作的滑板族、對行政院事件感到憤怒的學生、被警察暴力驅離的學運素人、覺得訴求始終未批判「自由貿易」的社運團體、擔心運動走向卻不知如何改變的個人……原本的空間成了避難所，收容從各戰場受傷、撤退的難民。後來反核電音陣線的成員便決定，不再以原本的組織名義現身，而是以個人的身分各自與來參與對話的朋友互動。

在電音反核陣線的成員看來，電音精神是創造、激發人們動能的重要力量。郭家穎說，大舞台的演講適合剛參與或想更瞭解運動的人，能在短時間內吸收各種理論知識與新的想法，並在一同拍手、喊口號之中獲得認同的力量。但這種形式是單向的，參與者聽久了會膩、會疲倦。「現場的群眾的感官是張開的、有強烈動能的，」郭家穎回憶，第一天他們才在地上畫起布條，就有許多人跑來圍觀。

因此，一段時間後，參與者需要與他人對話，透過「自己說出來」的過程，消化、重整各種訊息。可能會受挑戰、質疑，也可能有新的刺激，再回過頭持續修正或加強自己的想法，思考自己與議題的關係。

「大舞台比較像搖滾樂，是由台上的樂手掌控氣氛，人們雖然來到同一個現場，但多數的互動仍存在「個人」與台上的表演者之間。小型的對話就像是電音，主角是台下的人群，現場的情緒與能量會回應到舞台改變節奏，互動存在於人群之中。」郭家穎喜歡這樣比喻。他認為，大舞台雖必要的，但也得要加入更細緻的對話。否則時間久了，群眾可能就會離去。

郭家穎目前在台大醫院精神科擔任住院醫師，過去曾經參與樂生保留運動，他說大概是這兩個身分的經驗讓他相信，不論哪種運動，領導者都必須照顧到群眾的需求，並且讓人能夠在自己的生活中，找到參與、介入的行動方式。

## 就像是電音的演出，在穩固的節奏中仍允許差異性

相較成熟的社運團體以有組織、聚焦的方式與群眾討論行動政治判斷、分析體制內外的侷限，另一個成員楊子瑄覺得，他們比較重視在這個場域中人跟人之間的關係，讓彼此互相信任、支持。因此每晚討論主題不限，端視來現場參與討論的人決定，「其實我們就是很隨

意啊！」她忍不住禁笑著說。

幾天下來，聚集的人也生產出許多新的能量，有時大家談起行政院行動後，對運動決策者的不諒解，還有一次有人說自己有「不想輸」的情緒，現場便天馬行空拋出各種新的行動方案。「就像電音的 party 一樣，有點發散式的，順著群眾的動力而轉變，」楊子瑄說。

除了彼此化解焦慮、療傷，也有幾個人寫出了「智利革命歌曲《El pueblo unido jamás será vencido》的中文版、有人主動找朋友寫企劃，尋求工會支持運動；在旁邊舉辦論壇的「全國關廠工人連線」也開闢了實驗直接民主的「公廁解放論壇」，連續數晚針對運動現場空間管制、和平理性非暴力的運動訴求、場內決策機制、運動走向以及新自由主義全球化等主題與群眾對話。有一天，他們還意外地改善了濟南路上醫療通道的安排動線，直接挑戰了運動現場過於粗暴的空間規劃方式。

但大多數的時間，他們帶著自己原本的生活進到現場，邊喝酒、抽菸、邊彈吉他，聊運動也聊彼此。這裡似乎沒有人願意刻意展演跟自身疏離的「良善公民」形象。

我一度質疑，這種自發的能量在靜坐區也看得到。我待在現場許多天，有不少學生自製諷刺標語、漫畫、行動藝術、還義務幫人製作「反服貿」塗鴉。楊子瑄這樣回應我：「來到場上的學生，大部分的行動還是很個人式的自我展示，但每個人的觀點可能是侷限的，視角是單一的，但有沒有可能多一點跟其他人的對話、修正自己的想法，甚至加入更多集體的想像？」

楊子瑄過去跟朋友在台電大樓附近經營「直走咖啡店」，是許多關心社會議題的「憤青」聚集之處，也經常成為抗爭行動的工作據點。後來因為師大住戶集體抗議事件，直走只好收店。最近她也計劃要在溫州街另覓據點，再打造一個讓「邊緣者」安身的空間。

三月三十日五十萬人上街頭後，來到現場的許多人心中或許都在問，接下來該做些什麼？這讓郭家穎更覺得「小舞台」有存在的必要。他認為集體造勢的運動只是激發思考的開始，每個人最後還是必須靜下來回到自己身上，思考「反服貿」跟自己的關係。「為什麼來到現場，什麼又是自己最關心的事情。」

四月一日晚上，他們在守著十多天的空地上正式掛起「賤民解放區」的布條，並發表宣言，其中一段是這樣寫的：「這不只是一場學生運動，在現場其實有更多各行各業的參與者：工人、農民、商人、上班族，以及更多被視為沒有參與運動決策能力的各種面貌的人們。這群人，都聚集在賤民解放區裡，嘗試開展運動的進一步想像。」

參與「賤民解放區」也有六個規定：

一、講話與聆聽不輕易排除他人，積極接觸彼此。

二、反對菁英領導，行動由參與式的彼此討論激盪而決定。

三、自主參與，不接受盲目指令

四、不代替他人發言。

五、有任何疑問，坐下來面談。

六、所有共同決議在賤民解放區決定。

是的，當人們相信自己有發言的權力、有勇氣拿起麥克風說話、然後被重視、傾聽，他的力量也就在此展現，就有機會成為行動的主體。

我回想起反核電音陣線論壇的第三天晚上，我們圍坐在地上閒聊，十個人的小圈子，可是當我們開始拿起大聲公後，向路人發出「拿一張牌就可發問」的邀請時，不少來往的人都停下腳步，主動地靠了過來。

有一位女生是影像工作者，她一直想請大家幫忙思考，「服貿協議」可能對哪些行業有利？現場一位阿伯一度誤會她是挺服貿，一直想把焦點拉到對國家的損害上。經過主持人與她多次解釋，才讓阿伯瞭解她的發問目的。我想，如果換成要在大型宣講台發問，這樣的問題可能不會有機會被提出。誰都怕一個不小心，成了「群眾」的箭靶。

而那位阿伯，我發現一開始他在旁邊觀望了很久，看到抽牌可以說話，就立刻抽牌在旁等待。等一拿到麥克風，他便滔滔不絕說了好多。他跟我爸的年紀差不多，卻有勇氣跑進來跟一大群年輕人對話。我突然想到在家天天罵政治的老爸，近年來他對民進黨失望，街頭對他來說，像是突然缺少了入口。我當時多希望他也在現場，看看這個台灣社會還有不同的對話方式。

後來，有個年輕人說他對運動很失望。他是一開始就進入立法院的學生，有一次看到警察闖進議場，他下意識上前阻擋。然而這個舉動卻被場內學生誤認為是國民黨滲入的黨工，把他趕出了議場。這位男生把現場的人罵了一頓後，掉頭就走。可是，在場的人卻突然覺得很感動，因為在這個地方，他有機會拿起麥克風，告訴一群陌生人自己在參與行動後受到的傷害。

即便是安靜、不說話的，他的身體也不必然隨時跟隨著指令。

我記得第一個週末的星期六晚上，氣溫降到攝氏十三度左右，我又冷又餓，跟現場志工要了一碗貢丸湯後，便在現場的靜坐區找了一個空位坐下休息。

在我身旁的是一位男生，他戴著一副眼鏡、頭戴鴨舌帽，一下發呆一下低著頭滑手機。看他似乎是一個人來的，我便開始跟他聊起天來。

潘同學是就讀北藝大二年級的學生，他是得知學生攻佔立法院的報導後，才開始關心服貿這件事。大部分的時間，潘同學都是一個人到現場。「這種事情好像不用特地找人一起來，」他說，平時朋友之間很少會討論這類話題，曾經問過幾位朋友的看法，但對方不是反對，就是看法太偏激，所以他選擇一個人來到現場。每次一到，就開始玩手機，滑到手機沒電了，他就回家。

對於服貿協議如何修改，潘同學坦言並沒有太多意見，他只是生氣，無法接受政府強行通過審查的蠻橫態度。

到現場幾次，潘同學印象深刻的並非哪一場感人的演說，而是場上組織縝密的分工體系。除了好奇龐大的物資站、糾察隊為何能在短短一天內迅速建立，也羨慕志工做事的能力，他覺得自己似乎無法勝任類似的工作。「我也沒有陳為廷、林飛帆他們那麼厲害，他們真的很會說話，也有辦法去回應政府官員，」潘同學說。

因此，潘同學覺得自己參與這場行動最好的方式就是到現場一起等待，他告訴我，即使要長期抗戰，也會天天到場聲援。「是因為我們這麼多人坐在這裡，警察才不會驅離裡面的學生。」潘同學說。雖然第一次參與街頭運動，但他說，假使接下來要有更激烈行動提高壓力，他也不怕與警方發生衝突。

「你以前有衝撞過嗎？」我不禁好奇地問。

「我以前有去廟裡跟人家搶頭香過，我應該算蠻會衝的。而且要抗爭，多少就要有心理準備吧。」潘同學說。

參與抗爭至今，潘同學認為抗爭跟他從前想的有些差距，可以吃東西、自由地上廁所，似乎過的有些舒適。不過，他很感謝為這場行動默默付出的人，「沒來的人不表示不重視這個議題，我想他們只是用自己可以做的方法在支持運動。」

「那如果裡面的學生提前放棄等待就回家了呢？」做為一個孤單的「個體戶」，我以為潘同學會跟著內部的「決策中心」共進退。但他竟告訴我：「如果大家都解散了，我一個人坐在這裡也沒有意思。但只要現場還有人願意留下來，我就會留下來。」

「要多少人才算多？」我問。

「大概就是多到不會有人認出我的程度就可以了。」潘同學說。

# 一個台科大學生作為公民記者的文學全記錄

文．鄒柏軒（台科大創意設計班雙主修應用外語學生）

鍵盤是我的筆桿。哀鳳是我的錄音筆。單眼是我僅有的攝影器材。機車是我的代步工具。請容我，一個大五的學生，做頭殼版舉目所見之封面照片的學生，給你們說說幾個故事（如果你們願意坐下來的話）。服貿，一個疏遠的字眼。直到我作了幾日公民記者，我才知道。這世界，不是我們想像的那樣。

## 第一次上街頭的我

當我昂首走進會場，我知道，對於暴民的一切疑慮與抹黑全部釋放了。當舞台上的人用優美的邏輯推斷、動人的抗議歌曲、激昂誠懇的喊話發聲時，我知道，這是一群理想主義者的場合。

他們，才不是暴民。

旁邊成排的旗幟，是無數的公民團體。不是競選時在水源市場醜陋的成排洗腦，而是一個個也許不熟悉的名字：台灣女人連線、廢除核電、監督課綱等等。

台大學生會募集了成千上百的「溫柔台灣」紙條，綁在拒馬上，跟著太陽花一起。有鑒於台灣「我要成為整潔王」的期許，他們還承諾，最後一天會將它們清除。

當我還想起設計系畢業的時候，曾有那麼一個淚流滿面的夜晚。當我學運圈的朋友告訴我旺中怎麼栽贓學生，講得如此激昂誠懇，我知道，他是脆弱的，而我也是。但我迫於專題，無法抽出身成為第一天的那一百七十位不分藍綠上街頭抗議的身影。

今天，我站在人群裡，萬分冷靜，感覺著時代的呼吸。

## 當我聽到公民的聲音

這幾天，我採訪了一些人。有個書店帶著社會學書前來，述說他們的觀點。「人民不該害怕國家」的 V 怪客群體們，舉著布條，隨拒馬內的鎮暴警察成日鎮守，成為另類的風景。反 ETAG 的人也來湊一腳。

但讓我最深刻的，是以下兩位。

## 寒夜獨酌的戰士

一位是來自台大外文系的同學。他帶著模仿英國二戰 KEEP CALM & CARRY ON 的防水珍珠版海報，有趣無比，獨自吃著早餐。只是來上個廁所的我，職業病發作起來，忍不住訪問了他。那是個攝氏十三度、下著雨的冬夜，我的其他朋友正在林森北路八巷邊駐守邊打哆嗦，而他，竟只穿一件短袖。

「我是為了爸媽來到這裡的。其實，他們是做房地產的，這個背景我少敢講，但大陸炒房很兇的，要是服貿開放，我們就完了。」他頓了頓，嘆了口氣。

「他們其實很害怕，我看得出來，但他們叫我不要來，不過，我必須來。所以我是偷溜出來的，因此你看到我身上除了圍巾，沒有禦寒工具，沒有包包也沒有雨具。」口才辨給的他，伴隨不斷的嘆息聲跟自然捲底下稍嫌稚氣的臉龐，嘟噥著。

「我的女朋友是原住民，弱勢族群。她回高雄了，也拜託我來。如果台灣人被大陸人踩在腳底下，他們只會過得更難過、更被歧視。」我點頭稱是。

接下來一整個晚上，我們一起環繞、採訪全場。隨著天光魚肚白，他的母親打電話過來了，他接起電話：「對啊，我還是來了。放心，我有跟朋友來……」一直都有。」事實上，他遇到我的時候，朋友早先離去了。「妳不用擔心……不用擔心……」看到他拿著手機，極力安撫母親的光景，我實在很難抑制我的淚水。

## 獻身民主的藝術之魂

那是北藝大的「藝術干擾社會、退回服貿捍衛民主」計劃。大家忙著在裡頭絹印著一條條的布條，有著太陽花，有著他們的八字訴求。美女總召說，即使做的是藝術，他們也想獻身這個社會，以工具性做些改變。「不要對政治冷漠，因為政治不會對你冷漠」是她想對大眾說的箴言。

真正讓我動容的，是他們的版畫老師。那是行政院被包圍攻堅的夜晚，那是在鎮江街旁，同時聽到「有誰掉了一雙藍色的布鞋」的立法院，跟「越多人走進來，我們就越安全」的近乎哀求的行政院呼喊分野的地方。

半夜三點。

「這群學生很努力，他們是自發的。因此我非上來幫忙不可。」他說道。「十年前我的起薪有三萬，而他們卻只有22K。」他又說了一些關於政府、關於民主的話。突然，他的眼眶濕了。天性白目的我，一邊冷靜拿著哀鳳，一邊說，「不好意思，我沒有衛生紙，可能要用你們的絹布擦一下噢，哈哈哈……」

「其實，我要結婚了。我是宜蘭人，這幾天下嘉義去見我的岳父母。」他緩緩吐露，「我自己的父母知識水平不高，他們一直看電視新聞……我不怪他們……但是……他們並不懂民主……」

他引用了一些歐美民主的真諦，之後又說：「岳父母比較懂。但當我們一起看著電視、聊時事吃飯的時候，我看到他們這樣抹黑學生，我氣哭了。」

「我一定要上台北來幫助他們。」他溫柔而堅定地說。「我的薪水也沒有很多，兼任教授罷了。他們呢？他們的未來怎麼辦？」在訪問前，他一遍遍，不怨其勞地印著一塊一塊的絹布。

「聽說，等等四百名鎮暴警察可能會包圍青島東路。你知道這件事嗎？」強忍情緒，保有記者本應有的理性的我問道。

「我知道。」他微笑著說。

「我們不怕。」

我也不怕。因為我知道，這個國家有他們這種溫柔、堅定而勇敢的人民。

## 當灑水車來的時候

我沒有進去行政院。當擴音器在身旁呼籲與打氣的時候，我與身旁的朋友並沒有進去。但我看到成排的鎮暴警察，他們的表情好冰冷，跟立法院的不太一樣。有些人面露凶光，但也有些人帶有一種職業的無奈，看得出是一種逞強，一種男性生物共通的逞強，一種漢娜鄂蘭式的平庸的邪惡，「我也很同情那些猶太人。我也不想送他們進毒氣室。但我知道，即便如此，我必須這麼做，因為這是我們的工作。」

是因為嗜血的興奮，還是因為現實的無奈，讓他們成為卑劣的壓迫者的手腳？也許，只是因為這樣的平凡，造就了邪惡。多數的殺人強姦犯，都是初犯。

因為，他們也都曾是「普通人」，曾是「民眾」。

當第二台灑水車來的時候，那是在中山北路與忠孝東路路口，群眾聚在路上，數量可觀，或坐或站，此起彼落地向灑水車喊話。

「下車吧！」

「天啊，讓他過去還得了。」

「水車退後。」

這時，帶有攝影師「旁觀」原罪的我，決定像我不時做的——放下我的相機。

我使用吃奶的力氣，有韻律地，從丹田深處，絕對會啞掉的燒著喉嚨大喊「退後！退後！」

群眾被我的音量嚇傻了，但他們隨後一起喊著口號。

不知道是否是巧合，但水車最終後退了。健康地後退了。（沒有戳破輪胎。我後來有錄下影片，可破神話，水車體質非常健康地撤退了。）

## 警察哭的時候

為了保護人身安全，我不太公布警察的照片。但當客家歌手羅思容，上台說著，「爸爸媽媽呀！請你們讓出一條道路吧！下一代，將由我們年輕人所創造！我們一定會勝利！」現場響起如雷的吶喊。7-11 旁的警察哭了，從顫抖，從紅著眼眶，從忍不住用手遮著眼睛……

這是一場理想主義者的革命。聽到歌手羅思容的話，我瞬間想到《民報》上，曾在舞台上表演的那首歌，那個我被台科大設計客座教授王行恭，課堂介紹所認識的抗議歌手 Bob Dylan 的歌曲，那個將歌詩化，「我唱的不是抗議歌曲，他們是時代歌曲。時代正在改變。」說自己不是抗議歌手的存在。

那是一首什麼樣的歌呢？

## 先是公民，才是學生

這幾天，我認識了一些人。

Come gather 'round people
Wherever you roam

漫遊四方的夢者啊，你們在此集結
And admit that the waters
Around you have grown
承認吧，洪水滿溢
And accept it that soon
You'll be drenched to the bone
馬上馬上，你們將被徹底淹沒
If your time to you
Is worth savin'
如果對你而言，生命值得珍重
Then you better start swimmin'
Or you'll sink like a stone
那你最好加速游吧，否則你將跟一顆石頭般沈沒
For the times they are a-changin'.
因為，時代正在改變

有個成大的，出錢坐車上來，為了唯一可行的時間。他認為，是我們的保守黨國教育，造成最大的問題，讓我們沒有思考能力，也沒有因應方式。是的，他反黑箱，也反服貿。

這是我們口中的暴民，一個成大高材生。一個邏輯論述能力勝過許多學生的人——就像

丟汽油彈燒車、超不禮貌的德法學運曾是理性主義者康德與笛卡兒的出生地一樣。

Come writers and critics
Who prophesize with your pen
用筆書寫預言的作家與批評家啊
And keep your eyes wide
The chance won't come again
最好張大眼睛，這機會再好不過
And don't speak too soon
For the wheel's still in spin
別太早下定論，時代巨輪仍再賣力運轉
And there's no tellin' who
That it's namin'
而從未有人能說誰會名留青史
For the loser now
Will be later to win
For the times they are a-changin'.
因為今日的輸家，將是明日的榮耀之人，時代正在改變來自應外系想做文學教授與設計系的朋友，在靜坐時，雖然悲情地討論模型還沒做完的事實，但在這裡，在七百人轉播的 Youstream 前彈唱〈晚安台灣〉，並跟你們一起，身為台科大文宣長，跟著台科大學學長帶著終究沒用到的海報寫著：

「服貿蠻橫
貿然實施
公民遍地
奮起救國」

一起，坐在先前攻堅的危險地帶，是我真正的小確幸。

Come senators, congressmen
Please heed the call
立法委員們，請聆聽我們的呼喚
Don't stand in the doorway
Don't block up the hall
別擋住門庭
別固守大廳
For he that gets hurt
Will be he who has stalled

受傷的人
將不停滯
There's a battle outside
And it is ragin'
外頭抗爭如火如荼
群眾盛怒
It'll soon shake your windows
And rattle your walls
For the times they are a-changin'.
他們將敲打你政權的窗
推倒你的高牆
畢竟，時代正在改變

週六的時候，有一群高中職生，拿著麥克風在路口慷慨激昂，「大家都說我們高中生是笨蛋，被操控，我們有那麼笨嗎？」群眾圍觀吶喊：「沒有！」

「我們才不是任何人的意志！我就是我！我們知道，我們在做對的事。」

也許是父母師長的壓力，他們拒訪。

「我們沒有煽動任何人！我們只是說出心中的話！」

Come mothers and fathers
Throughout the land
這片土地上的爸爸媽媽啊
And don't criticize
What you can't understand
請你們不要批評，你們所不理解的
Your sons and your daughters
Are beyond your command
你們的兒子和女兒，早已獨立自處
Your old road is
Rapidly agin'
曾經的老路正在迅速腐朽過時，光榮不再
Please get out of the new one
If you can't lend your hand
For the times they are a-changin'.
若你不能伸出你溫暖的雙手
請讓路給新時代的人們
最終，時代將會改變

當我站在灑水車前面的時候，我內心的盛怒無法抵擋，那是一種驕傲的良知，知道自己像個撫育的母貓，保護幼子。

當我發出的吶喊如此中氣十足，而那正是黨國教育國語文教育多年所訓練出的嗓音，就像朋友將二十五個小米電源送進議場一樣，多麼、多麼諷刺。

The line it is drawn
The curse it is cast
界限已劃下
詛咒已然出口
The slow one now
Will later be fast
今日的慢龜
將成明日脫兔
As the present now
Will later be past
就像此時此刻
也將成為歷史
The order is
Rapidly fadin'

眼前秩序，終將重建
And the first one now
Will later be last
今日既當權，也將鎂光黯去
For the times they are a-changin'.
時代，將為我們而改變

我是公民記者。我來自台科大。
我以台科大為傲。我以台灣為傲。
我來自這座島，我愛台灣，我心中永遠的美麗島。
也許我不夠勇敢，不夠聰明，不夠有力量。
也許不及你。
但我站出來了，為我深愛的，為了未來。
妳/你呢？

# 不是遍地開花，而是開始紮根

文．李佳欣（文字工作者）

從運動開始至今，大多數的時候媒體的鎂光燈與社會資源都是聚集在立法院的周圍，然而很少有人注意到在台北以外的學生是如何參與著這場運動？

我想到在新竹念書的一位朋友，王法明。因為這場運動，他與朋友意外創出了一個新的對話空間，使新竹市潛在而豐富的社會力量得以連結、現身。

「聽到裡面說要包圍各地國民黨部，我們就決定應該要回去看看。」就讀清大的王法明回憶。學生成功攻下立院第三天後，王法明與在學運社團的女友劉惠中（哈拿）搭車北上聲援，本來只是想要靜坐，突然聽到議場內的學生對外宣佈要發動民眾包圍各地國民黨部。

這個說法，改變了王法明與哈拿的決定。因為他們都有點驚訝，個別群眾沒有抗爭經驗、沒有組織，也不確定地方警察的態度，要是有人包圍黨部發生衝突，可能對運動跟民眾造成傷害。兩人愈討論愈擔心，又不知如何跟內部決策的學生討論，乾脆自己返回新竹到黨部查看狀況。「而且長時間待在台北太累，運動看起來時間會拉長，需要有人回來做草根。」王法明說。

週五晚上，王法明回到清大，看到批踢踢的新竹版上有人貼文號召至火車站前廣場靜坐，他一方面覺得感動，一方面想著可以串聯更多人日後一同北上，便加入響應。隔天中午到了廣場，真的就看到四、五個網友坐在廣場前，原來他們前一晚就已經來過夜。

一開始王法明與大家只是靜坐，坐久了感覺有點無聊，決定圍坐成小圈圈，討論自己為什麼會反對服貿。後來覺得這樣對話太過封閉，難以讓來往的人參與，才改成扇形圍坐，讓每個人輪流到前面發言。直到晚間七、八點，大夥決定轉戰新竹護城河邊靠近誠品書店的小舞台，越討論越晚，便以此為據點待了下來，「不知道大家哪裡湊來一些睡袋、蚊香，十多個人就留在原地過夜了。」王法明回憶。

想不到日後兩天，來參與論壇的人持續增加，每天來來去去的圍觀者幾乎都多達五十至六十人，還在場上意外發現不少教授、與在地NGO工作者到場支持，包括清大教授以及寫出「你咁有聽著咱唱歌」的精神科醫師吳易澄。

大家發現有人演講效果不錯，也帶來更多新的觀點，便開始公開徵求新竹各大學的教授、專家或不同行業的民眾到場進行主題演講，從不同面向思考服貿可能帶來的影響。幾個較積極的人也自然形成了團隊，並在臉書上成立「新竹反黑箱服貿 Group」社團，決定每晚固定舉辦論壇，每次結束時，也要合唱一首歌當成結尾。

對王法明來說，走出校園，是對民眾培力的過程，也是他在參與這場運動時，將自己的位置。小舞台對他們來說，就像是一群人共同尋找答案的學習基地。他認為，新竹民眾其實並非不關心公共事務，只是缺乏互相交流、討論的空間，不知道該做些什麼。

雖然，攻佔立院的行動後，清大學生會也在校內舉辦論壇聲援反服貿運動，但王法明覺得，校內談論議題的方式仍偏重學術分析，對話的對象以人文社會科學學生為主。「學生不會走出校園，我出來才發現，其實新竹不是沒有公民，只是比較零散，需要有人把他們連繫起來。」王法明說。

意外串聯起新竹各地關心公共事務的人脈資源，王法明跟較積極的成員也在考慮要將這個空間保留下來，每週固定舉辦聚會、各類講座，凝聚新竹在地社群的力量。

攝影／Veronica

# 從《崩世代》看希望世代學運

文・王兆慶（托育政策聯盟成員、《崩世代》一書作者）

勞工運動陣線的書瑋跟我說，他們負責濟南路的輪班主持，但現在剩下的梗不多了，所以想弄個「崩世代座談會」，讓我談「談談少子女化的問題和公共托育政策」。

我的確只能講這個。

對於憲政民主或經濟貿易協定，我不能說真的懂，應該讓其他老師去講。我跟大家一樣，就只是個在乎這件事的鄉民而已。但是，托育、少子女化、人口、家庭政策的重要性，或是托育、照顧的商品化問題，又已經有太多人講過了。很多人可能知道呂建德老師、王品老師，殘盟的王榮璋，或是社工工會的黃盈豪，他們都有說到照顧福利政策通常是社會安全網，這個制度不應被「商品化」（即依個人的付費交換能力來決定能否得到服務）。呂建德老師已經明確主張：「退回服貿、重啟談判，拒絕兜售醫療與社會服務業。」我當然支持這個主張。可更麻煩的是，不管我們怎麼講、怎麼批評，馬英九總統都會說「利大於弊」。說真的，連出版業、甚至電信學者出來喊話他都可以不聽，照顧工作或社會福利政策領域，他當然也可以不聽。

所以我決定，不講少子女化跟托育政策。我要來講另一件事。從我一位家人給我的電子郵件談起。

我是標準的外省第三代。在攻佔行政院之後幾天，我的家人看到一位記者 Carolyn Zeng 在臉書上寫的，支持服貿的文章。於是分享群組信給我，然後前面加上一段這樣的引言：

「請大家分享這樣理智解析的文章！的確，在沒有詳細了解內容之前，只以簡單字詞煽動群眾情緒，看起來似乎是在尋求『社會正義』。但只是經過小小的裁判程序到無保釋回，居然可以崩潰痛哭，這豈是一個真正具有理想的人格？應該只是被人教唆，然後煽動他人玩個學生運動，純屬扮家家酒的小孩吧。」

《崩世代》被人說是一本有關世代正義的書，這沒有錯，不管從財團減稅、就業條件惡化、少子女化、家庭照顧責任、社會保險及政府的財政懸崖，都是世代問題。不過這本書處理的是制度性、結構性的問題，不是文化的問題。

然而，回想起這三周來我所經歷的，我才深深感受到什麼是「世代差異」。這裡有一個文化差異的面向，是《崩世代》沒有論述到的。

我的家人教育程度頗高，在其他議題上很開明。但是在這次的政治事件上，特別是那一封信對於魏揚，或者對整個太陽花學運「集體人格」的攻擊和嘲諷，讓我從個人身上看見一整個 689（或 9.2%）世代的文化差異和刻痕。

其實反服貿運動是一個大匯流，有好幾股力量運作其中，這點已經有很多人指出過。我的印象是至少有三種：第一、政治程序面，反黑箱破壞民主憲政。第二、兩岸面，反對馬英九總統的「急統」行為，製造台海的國安危機。第三、經濟面，反對自由貿易或反對經濟協定本身的不平等。

當然「反反服貿」也一樣是個大匯流。我理解的也是三種。經濟面的，就是「財團重商主義＋全球化競爭力論」。兩岸面的，則是對中國祖國的渴望。但這個比較少，我可以想像的大概就是白狼張安樂、愛國同心會，跟王炳忠（他說不可以叫他王偉忠否則保留法律追訴權）。第三，則是「反暴民」，反對運動手段的不正當，因為學生「暴力」佔領立法院。

第三個面向，反對學生的「暴力」行動（雖然大家都知道學生手無寸鐵、且強調和平非暴力的佔領），反對佔領立法院、行政院或其他街頭行動，並且對之表達不耐，在我的經驗裡，是世代文化差異的重要表徵。

最新一期三月份的《台灣社會研究季刊》，中央哲學的甯應斌老師提出一篇「反公民」論。那篇的內容，會讓有些人會聯想到，這次學生運動早期一些網路鄉民對 1985 聯盟的批評。喜歡主持秩序云云。又或者是，晚近賤民解放區的一些主張。

不過這個對內批判的論點，我覺得其實最適合的地方是拿去對外使用。特別是用在「公民」的世代差異。因為真正大宗的「虛假公民意識」來源，其實並不是學運之內的次群體。坦白講，真正難以撼動、而且影響層面極為廣泛的，是這次運動之外的廣大社會群眾和年長世代。是我的同輩或我們的長輩。

這個世代差異意識，我推測是從三個認知邏輯長出來的。

第一個部分是，表象的理性公民。之所以說「表象」，是因為「理性」被許多人詮釋成這個公式，就是「態度淡定+反衝突+可能對真相無知=理性」。

一個朋友的說法是這樣的：「我個人對服貿完全不了解，也沒有那個能力去理解為何正反兩方會有完全不同的說法，更無法判別其中是非對錯。……但不管如何，做為市井小民，最不喜歡任何暴力事件。市井小民只想安居樂業。」

理性是一種要真正付出的努力，是個大腦冒著燒、很累人的活動。但一部分人想要的只是一種淡定的秩序感。其實這不是理性，這只是討厭「沒有秩序」。

很不幸的，這是第一個我們的重大世代差異。相比於學生，這群人有納稅、有就業、有論述位置的正當性，他們才是「公民」。但最諷刺的是，他們絕大多數人只是披著公民的外衣，在過「私民」的生活，因為他們並不真的在乎服務貿易協議這種「公共事務」。

坦白講，很多成年人（特別是你要養家活口的話）並沒有參加「公共領域」，或從事政策論辯的物質基礎。就是根本沒空和沒力氣！說真的，了解服貿、參與討論，很累人。所以對服貿這種公共議題無知，是正常現象。我自己到學運發生之前，根本也對於服貿一竅不通。

但是這種位置的差異，造成現在有一些人錯把「冷漠」當成「理性」。社會的大型衝突、街頭運動，干擾了「私民」生活小確幸的眼睛，點燃公共事務的熊熊大火，所以就是「非理性」、「暴力」的。

「為什麼要這樣鬧？」「弄壞立法院！」「國會空轉！」「浪費納稅人的錢！」諸如此類，都是從這個邏輯出發的觀點。

「政治是管理眾人之事」，眾人之事豈能沒有衝突？

但「私民」傾向迴避這種眾人之衝突，只重私事，管好自己的生活。於是，一部分「私民」只能看見「看得見的暴力衝突」，對於更巨大的邪惡，卻是「竊鉤者誅，竊國者侯」，對政治人物和官員的惡行視而不見。

這樣是理性嗎？其實不是。指責別人「不理性」，或者給自己戴上「理性」的面具，在這裡的功能只不過是無知的遮羞布而已。

「私民」真正的 OS 是：「我不知道也不想知道。但是我反對暴力、反對不理性的學生／政黨／社會運動者。」「聊政治生活變得好無趣，我還是喜歡喝我的酒／上我的健身房／聽我的古典樂，心情好多了！」

其實私人享樂跟投身公共事務並不是互斥的啊！

但是還有一個邏輯支撐私民心態，即個人的與政治的二分法。論其根源，可能是長期習得的無力感吧？只能說我們政府舊時代的統治做得很到位，這種心理枷鎖很難去除。家人給我的信中，有一段是這樣寫的：

「小市民如有強烈主張就應該去競選立法委員、做立委助理、或競選公職。民主國家的代議政治不就是此意嗎？而非以違法衝動的行為試圖顛覆甚麼東西。」

如果今天我們的社會運動不斷衝撞，最後卻什麼都沒有改變，那五年、十年之後，我們會不會也有習得的無力感？我想會的。可想而知，上一個世代在黨國霸權體制之中，也沒有機會享受到一個正常的政治社會化環境。

第二個世代差異是假民主的拜物教。「照遊戲規則來！」的無上律令。其邏輯是，張慶忠三十秒不民主，但是佔領議會也不民主。所以爛泥巴戰，結果也得不到「純潔的」民主。

《台灣法學雜誌》的編輯寫了一篇文章批評學運是拿目的來正當化手段，「自詡正義就可以奪下國會」（註一），並批評有本事應該「智取」，不應該「武奪」。這一組區分其實非常傲慢，也很接近我現在要說的東西。我猜就是坐在書房裡，沒有親身感受這場歷史事件，以及政府離譜的欺騙、蠻橫的人，會想到的事情——「我們應該按照遊戲規則」。

楊照是這樣批評這次的運動（註二）。他也反對「違法佔領」，因為：「就連依照正常程序合法選出的代表我都不放心，都要找出方法來防止他們亂搞，當然不能允許未經正常程序的代表自稱、或由別人任意推舉來代表我。這是個非常根本的體制問題！」

正是出於這個邏輯，所以學生佔領立法院對他而言是「不民主的」。各種社運推動的公民審議會議，當然也可以根據同樣的邏輯來批評。

這種「不要把手弄髒」，要「堅守遊戲規則」的純潔民主拜物教，又經常和前面對衝突的厭惡、恐懼，相互呼應、相互為用。可是，如果「用目的正當化手段」不夠正當，那麼「因為手段的違常，而放棄、忽視目的」又正當到哪裡去了？

批評學生佔領立法院不民主，但是導致今天這個結果的憲政、兩岸、政治經濟危機，以及，同樣是「用目的正當化手段」的黑箱作業與三十秒闖關行為，卻避而不談了！這公平嗎？

如果沒有辦法用「純潔民主」的儀式（例如形同虛設的罷免權），來實踐民意或國家社會的重大目的，於是就決定認命、兩手一攤，等待下一次的選舉淚投××黨。這樣「潔白無瑕」的純潔民主，恐怕只是民主的處子情結吧？

我讀這些論點的時候忍不住心想，真正的根源可能另有所在。一部分是妒恨、忌妒。忌妒年輕人，或一部分人（總之不是自己）取得發言權的不滿。以及，上一個世代過去只能「改變自己」、「自我調整心態」，但是的年輕人，你們現在竟然（膽敢）試圖「改變社會」！

我也一直聯想到守護家庭大聯盟的保守派運動。就是某些婚前守貞運動份子。內心真實的OS可能是：「我守貞這麼久了，遵守遊戲規則這麼久了，你們居然就上了！」

但是別人家的深層潛意識不是我能隨便論斷的，所以先打住。回到「拜物教」的原始定義——忘了「目的」本身的價值，「手段」變成了目的。楊照這樣寫的：

「如果這一次這樣一群人因為這個議題可以凌駕正當的代表者來發言、做決定，那麼我們將要如何反對、阻止下次有另一群人因為另一個議題也要凌駕正當的代表者來發言、來做決定呢？」

喂，為什麼要反對和阻止啊？如果「實質內容」的正當性，大於你「程序」的正當性的話，那程序是不是應該要檢討一下？

目的不應該正當化手段，但是手段的正當，也不能保證目的的正當吧！如果你拗了半天只能站在「程序正當性」的立場上，坦白講這並不是甚麼道德制高點（不過對拜物教的人來說當然是）。那麼你的正當性比不過別人，也還真怪不得人！

我覺得這種假民主的拜物教徒，更荒謬的是提出對於「違反規則的暴民」的恐慌想像。不好意思，又是楊照（這次我收到一堆他的轉寄信，但是看得我白眼翻不停）。

「即使是以兩岸關係、國家安全作為理由，要求維持或甚至進一步增加貿易管制的主張，都應該被嚴格檢驗，而不是激情擁護，有人想像、害怕未來中共會發動貿易戰控制台灣；我卻想像、害怕未來有人會以同樣的國家安全理由要求進一步限縮我們好不容易擁有的自由，

這兩種害怕，至少應該是同等真實、同等重要吧！」（註三）

這段我覺得很扯。我馬上想到，這跟聽到同性婚姻就開始擔心人獸交的寶貝是有什麼分別？是的，很警告性質的滑坡論。謝謝這位先知的警告，但我現在覺得這個論證根本是風馬牛不相及。

最後，第三個世代差異，我認為是舊時代四小龍的 NIC（newly industrialized country）新興工業國之夢。蔣氏政權安定台灣的發展之夢。這個夢完全是以對共產國際的恐懼作為對照而描繪出來的，是冷戰脈絡下「反共民主＝經濟發展」的夢。

引起我注意的起因是，前天新聞有個標題：「學生將赴淡水掃街，吳育昇：紅衛兵的行為」。

這真是很有趣、很巧妙的語言嫁接。如今，國共兩黨合作服貿，國民黨卻批判反對者是舊冷戰時代的「共產黨」。

無巧不成書，李敖接受《亞洲週刊》專訪時（註四）也批評太陽花學運，說中國的共產黨都已經變成資本家了，反而台灣的學生根本是變成「共產黨」！

多麼奇妙的歷史印記啊！只要有衝突、鬥爭，在這一個世代的眼中就是共產黨和紅衛兵的行為。對他們來說，這跟冷戰脈絡下的台灣民主是格格不入的！因為台灣的「民主」在他們眼中，就等於和平、發展與安定！

這種「溫室花朵的民主」，說穿了只是一種「反共／安定／發展的民主」，是特定歷史時代下的產物。但上一個世代卻用這個論述，在奪取現在眼前發生的「民主事件」的詮釋權——在他們眼中，太陽花學運不配稱之為「民主」。

這跟經濟發展優先的邏輯當然是相互為用的。但我覺得更關鍵的是，這個論述方式一方面有效召喚了對於「鬥爭、衝突」的厭惡（冷漠的私民），另一方面也召喚了台灣發展時代的舊夢、古早的美好時光。雖然台灣年輕世代面對悶經濟和就業條件惡化，美景早已經不復從前。

那是黨國專制，但是穩定發展，而且台灣錢淹腳目的年代。一方面，既沒有共產黨紅衛兵的恐怖鬥爭，另一方面也還沒有民進黨、「暴力黨」出來在國會打架。

這對老一輩的人或許真的是非常有說服力的。

所以，把學生運動「抹綠」，其實不是什麼政治人物的單方向陰謀，說到底，這就是許多人內心的深刻偏見。民進黨崛起的年代，對他們來說就是「反共民主的台灣開始變亂」的年代。

但我以下的世代呢？咱們就是在五光十色的消費活動和社會衝突之中長大的。政治社會化的經歷不同，對這種多元喧嘩早就習以為常了。這跟呼喊「學生不要再跟社會內鬥」的星雲法師，想必是非常不同吧。我們上街遊行，根本也是稀鬆平常的事情了。

總之，至少有這三組文化心理的因子構成了「世代差異」。那相比於原先我們論證的，結構性、制度性的世代不正義呢？有什麼差別？我指的是財團減稅、就業條件惡化、薪資下降和物價上漲、少子女化和高齡化、社會保險和政府財政崩壞等等。

我想，這些都是政策性、時代性社會經濟的結果，坦白說並不能簡單歸因於那一個老世代人的「錯」。而且現實上，其實私人的福利移轉非常興盛，很多人能婚育、購屋，其實是靠上一個世代的經濟移轉。

這種制度性的世代正義議題，矛頭經常是指向政府，主張政府應該要有些亡羊補牢或預防性的政策作為。而不是真的把矛頭指向「世代」。

但是，文化或心理狀態的面向，我覺得實在不能完全說是政策的後果。當然，這種老一輩世代的思維方式，的確經過大眾媒介的推波助瀾，共振、共鳴、放大。但這跟這一個世代所處的社會經濟位置，及其生存心態，還是有關連的。

為什麼台灣會財團化、貧窮化、少子女化？《崩世代》書中提了許多結構性的解釋。但如果我們從文化的角度來分析的話，難道不是因為上一個世代結構性的疏離公共事務，才導致我們走到今天這一步嗎？

難道不是因為代議制度和公民身分的失靈、失能，才導致我們現在的麻煩嗎？

黨國專制下的和平發展幻夢、遊戲規則優先的假民主拜物教、錯把冷漠當成理性的私民，這三個「上一世代的文化邏輯」，莫不是政治發展的阻礙。更何況，政治發展的阻礙，又會構成經濟發展的阻礙（這是《國家為什麼會失敗》這本書的核心論證）。若整個國家社會，都愈來愈依賴「少數對多數的榨取」而存續著，那當然喪失整體創新經濟的活力。

公民的失能、代議的失靈，形式選舉民主、假理性的政治文化，難道不是縱容台灣走到今天這般「1% 巧取豪奪的贏者圈，對 99% 魯蛇圈的衝突」的背景嗎？

當然，這三個世代差異的論點需要更多批判思考跟求證，例如思想的物質基礎到底是甚麼，世代到底是不是一個恰當的分類基礎，使之更為周全。但對我而言，目前最關鍵的是（我還沒放棄），如何跟身邊的長輩們有效溝通。

其實我希望有專門為長輩設計的友善懶人包，還有專門為長輩量身打造的梗。比方說現在想到的：

（一）反共語言每個人都可以拿來挪用！不是只有吳育昇。我們就主張用監督條例先立法、再審查，才能防堵心思邪惡的對岸，才能替中華民國的未來發展打下基礎。

（二）國民黨已經沒有為民求「均富」的思想了。比方說引用李敖跟李戡的觀點（註五），國共合作根本只是為了國民黨少數高層自己的利益！官商勾結，其他人根本得不到好處。現在的政府高層只是犧牲年輕人的未來，求取自己的好處。這一代年輕人一定會過得比上一代苦了。

（三）中華民國的民主制度已經需要拯救了。連大法官都這麼說。

許玉秀說：「既然現有法律體制，沒有辦法糾正這個錯誤，那麼人民只有自己來糾正這個錯誤。這個錯誤是：代議士沒有能力合法執行人民授權的任務。」（註六）許宗力說：「之所以還是認為這次攻入、佔領議場行動具備最後手段性，乃是因為在釋#342見解未改變以前，不能苛求民眾應先採取一個不具期待可能性的法律救濟管道而已。」「一九九四年國安三法未經討論與表決，在朝野議員一片推擠吵雜中，主席在眾人不知不覺中即匆匆宣布審查通過，留下眾人一片錯愕，情境一如三一八當天。」但是釋#342卻說大法官司法權不處理，叫立法權自己處理。（註七）

（四）雖然是長輩們繳稅、就業，學生沒有，但我們其實是搭學生的便車！否則真的是只能「繼續感到無力」，被這個無能陰險欺騙跳針的政府給吃定。我們拿稅金養了一堆反客為主的官員、民意代表，但是他們聯手用各種奧步來對付人民！人民花錢繳稅，卻只是無能管事的冤大頭。被騙了，還以為自己是「頭家」。既然這樣，我們真的要對得起自己繳的稅金，承擔起當「頭家」的責任。

很多人刪除相異意見群體的臉書，我不打算這樣做。當然一方面是這對於接收反方刺激、準備回擊的論述小梗很有幫助。但更重要的，另一方面是，我信仰的社會運動或政策倡議一直是「普及結盟」路線，永遠準備好說服、被說服的過程。甚至是妥協的結果。以至於事情終能有實質的進展。

無論今天學運是否因為王金平昨天的一席話而結束了，也無論這是否又是K黨的陰謀、金小刀的策略，離開立法院以後，我們都還要去說服身邊的親友和相異立場的大眾。

這絕對不是基於甚麼愛好和平的心情在做這件事，沒那麼假仙。重點只是很實際的——如果沒有這樣的過程，形成最大公約數的政治效果和最小抵抗的改革路徑，那吳育昇還是不會被罷免、下一次選上的政治神人還是淪為政治騙子，「公民」還是不會醒來，「私民」的小確幸，也仍然繼續會是台灣人的主流生活方式。

究竟會不會成功？這件事情會不會順利落幕解決？社會公民意識、世代差異，會不會真的有所改變？我不知道。

但我知道的是，大家不想再忍耐了。不想再忍受這一切了。而且無論如何，我自己也在改變了。意識到自己白搭了好多年輕人的便車（例如魏揚……）。且對我來說，以後會有更多人接近了解公民團體、NPO，而且不再只是「慈善募款型」（慈濟等），更是運動倡議型的團體！這當然是好事。

也許我們都經歷了一場台灣民主的成年禮——一九九六年總統直選以來，歷經李登輝、陳水扁、馬英九，過了十八年，終於。我從服貿開始，才深深感受到世代的差異。感受到世代的差異之後，原先不懂服貿的人，現在要回來跟自己的家人個別溝通。作為一個三十六歲的中年人，我除了謝謝二十歲的年輕學生，也開始思考如何跟六十歲的人談服貿。我想就先從這裡開始，改變我們幾個世代的集體命運。

謝謝太陽花學運的「驚天一擊」打造了新的政治想像。大家就在各自的崗位上繼續努力吧！

註一：李建良，〈筆與劍〉，台灣法學雜誌，第245期

註二：楊照，〈第三個笨問題〉，蘋果日報論壇

註三：楊照，〈第四個笨問題〉，蘋果日報論壇

註四：〈專訪李敖痛批台灣學運〉，亞洲週刊，第28卷14期

註五：李勘，〈你不知道的學運內幕〉，微博

註六：許玉秀，〈正當程序箴言：愈緊急愈要遵守〉，風傳媒

註七：許宗力，〈318行動的最後手段性〉，臉書

# 科技與傳播參與

攝影／蔡博宇

# 新生——致太陽花學運

文・蘇家立（詩人）

把地洞一個個填上
用力睜開眼睛
地鼠們找到了新生活
那兒不需要躲藏

乾淨的雙眼是新挖的洞
裝滿了陽光便是故鄉

攝影／林宗諺

# 「革老媽／老子的命」：資訊科技在佔領立法院運動中的角色

文．張登皓（zhusee，網頁工程師）＆李屹（elek，電子書店內容部）

隨著科技的發展，新世代的社會運動在可運用的工具上也隨之改變。最明顯的，莫過於因為智慧型手機的普及，使得網路在社運的發展中扮演了高度重要的媒介角色。近期國際如「茉莉花革命」等大型運動，亦被觀察到透過智慧型手機及網際網路，而使得革命的觸角益發廣延，訊息能以更即時的方式進行傳遞。

下面淺談幾項在本次台灣「佔領立法院抗爭」的科技工具觀察。

## Facebook 為主的社群網路

與「茉莉花革命」透過 Twitter 作為主要傳播管道類似，在台灣則是以 Facebook 為主。根據 Facebook 提供的數據，台灣於二〇一三年中就已經有約一千萬人的活躍用戶，每天至少登入一次 Facebook，黏著度甚至高達全球之冠。而其中每天至少一次透過手機等行動裝置連上Facebook的使用者，也高達七百一十萬，所以全國有至少百分之三十的人是「走到哪裡、Facebook就觸及哪裡」。在這樣的情況下，並不難想像「佔領立院」的參與者會如何透過Facebook，不斷將現場的（片段）資訊傳播給其他不在現場的「好友」們。

在本次抗爭中，主要偏屬決策核心圈的參與者，也主要透過兩個粉絲頁：「反黑箱服貿協議」及「黑色島國青年陣線」進行訊息公告，在早期即成為方便快速的官方訊息來源。其後為了抗議傳統媒體在報導方面的偏頗及不友善，一群以台大新聞所研究生為主的記者，進駐立法院議場內外周邊，並透過「台大新聞E論壇」粉絲頁進行照片、文字以及影片的新聞報導，在活動中期成為廣受信賴的新聞來源，粉絲人數從原先的一千人成長至今已達十一萬，成長率高達一百一十倍。

「反黑箱服貿」及「黑色島國青年」兩個粉絲頁，也在抗爭相當早期，鼓勵群眾使用#佔領立法院及#CongressOccupied兩個hashtag標註在Facebook貼文上，方便根據hashtag做議題追蹤。不過大概在五天後，就幾乎很少再見到這兩組hashtag，推測可能是台灣使用者並不習慣hashtag的概念。

## 智慧型手機、智慧型手機、智慧型手機

如一開始所描述的，本次運動最重要的媒介實屬「智慧型手機＋網路」。若無智慧型手

機，實在也很難從抗爭現場可以源源不絕地傳播各種照片及文字訊息到Facebook的網路上。因為這些智慧型手機，使得不在現場的人也能在螢幕前，多少感受一些現場的氣氛。包括被擠得幾乎水洩不通的青島東路與濟南路現場的聲援群眾照片、或是因為抗爭長期化而在周邊出現的諸多創意抗議海報標語，都因此在各個社群網站間廣傳。

三月二十四日凌晨，行政院長江宜樺下令強制驅離攻佔行政院的靜坐抗議群眾時，也是靠著參與者身上的智慧型手機或相機裝置，拍攝到了很多媒體並無法拍攝到的畫面。例如由Derek Yang上傳到Facebook的影片〈政院的椅子警察拆的〉、由crystalsky_kuan上傳至Instagram中研院研究員被警察拉入人牆圍毆的影片、或是Flickr官方Blog上也收集了很多當天警察武力驅離抗爭者的照片等。

因此智慧型手機在本次運動中實則扮演著多重角色：是訊息傳播工具、亦是可錄影可拍照的蒐證工具。某種程度上，算是採「非暴力抗爭」而手無寸鐵的抗爭者，唯一的武器。

## 現場網路直播

本次抗爭，最不同於以往的特點，就是具有非常多個現場直播頻道。透過筆電、手機、平板等行動裝置，立法院週邊長期有人協助Live直播。被直播的地點包含：立法院議場內、青島東路側舞台、濟南路側舞台。《蘋果日報》亦派記者，使用 iPad 協助轉播議場內及青島東路側舞台。

直播所使用的平台，包含了 UStream、NicoNico 生放送、以及 YouTube 直播串流。

## 3G 網路被塞爆後的解決方案

「佔領立院」運動，在立法院周邊常常可破二萬人。台北市的行動網路基礎建設猶待改善，而且極大量使用者集中在立法院周邊，該處的手機行動網路基本上是接近癱瘓狀態。即便在第一週後期，三大電信公司（中華電信、台灣大哥大、遠傳）均加派行動基地台車至現場支援，亦也只能紓緩電話及簡訊等傳統通信管道，而無法順利解決 3G 數據通信嚴重塞車的問題。

而從中期開始，陸續加入的現場直播頻道，更是使得網路頻寬更為吃緊。為了能夠使立法院週邊保持至少一定程度的網路連通，群眾只得轉向 3G 上網以外的其他選擇。其中最廣為使用的解決方案即為 WiMAX。WiMAX 系統在台灣架設多年，雖然在都會區能有不錯的上網速度，但是使用者始終無法累積。使用者不多，這次反倒成為擺脫網路塞車的解藥。特別如全球一動有免綁約的上網方案，許多人為了這次抗爭，都紛紛特別去辦了全球一動的 WiMAX、並使用其出借的 Wi-Fi 分享器進行上網。由工程師為主的組織 g0v，則購置了國際大廠 CISCO 的高功率無線基地台跟 Inmarsat 衛星網路設備，以多元管道突破上網的限制。

其實二〇〇八年陳雲林來台引發的野草莓運動，就已經應用了本文提到的諸多科技，包括視訊直播（那年線上轉播使用的 Justin.tv，在本次運動中已不見蹤影）。不過，當時 iPhone 才發表一年多，智慧型手機不比二〇一四年普及，網友缺乏行動裝置，只能用桌機看直播，沒辦法即時轉發、動員，或動輒在立法院或行政院打卡，也沒有 Line 等服務，讓場內外的訊息傳遞快捷利便。當年 Facebook 的人際網絡也不若今日緊密。

要之，行動裝置的普及，是資訊科技可以有效動員與傳播訊息的主因，而本次運動召喚來的各種群眾，其生活跟網路（對大部分人來說，同義於 Facebook 和 Line）結合的程度，也比二〇〇八年更深、更密。這是資訊科技湊效的文化條件。此外，後文還會提到，這批期待撼動政治與經濟結構的「後生」，成長過程就已經跟電腦和網路難分難解，從而有辦法拿資訊科技「革老媽／老子的命」。

二〇〇八年以降不斷困擾動員者的「萬人響應，一人到場」窘境，資訊科技倒是束手無策了。三月最後一週，入夜暴雨，溫度陡降，即便領導班子喊出排班，現場人數還是掉得很快。我們這麼說，不是要盲目鼓吹到場靜坐——畢竟關切此事的你，最擅長的事情很可能不是靜坐（請參考此文）——只是要再次指出「資訊」的其中一種定義，值得我們深思。貝特森（Gregory Beteson）將資訊定義成「能造成『狀態』改變的一組差異」（a difference which makes a difference），「能造成狀態改變」很關鍵。發達的資訊科技讓我們很容易維持「連結著」的感覺，但事實上既於大局無傷，也未曾轉變自身的狀態（思考是改變後者的途徑之一），反倒容易陷於單向的執著與焦慮。

## 應急用的 occupation.today：資訊的彙整與編輯是重要課題

佔領立法院的消息傳出翌晨，我們嘗試確認本次運動的訴求等相關資訊，發現「黑色島國青年」的粉絲頁已經更新了多則動態，訊息固然即時，對社會運動來說十分重要的訴求卻被淹沒了。

elek 曾經為文，說明使用者很難搜尋臉書的內容，且其架構不利社運拓展支持者。該文論點有二：臉書的架構將使用者的注意力導引到「現在」甚至「即時」的動態，不易專注於單一篇文章太久；其次，社運訊息在臉書上通常侷限於「小圈圈」，而這些緊緻的社運網絡，一般而言是在運動現場、異議社團等場合中成形，訊息如果只是在小圈圈裡流通，就無助於拓展支持者。由於佔領立法院這一行動前所未見，引起全國尺度的關注，訊息很快就突破了既有小圈圈的藩籬（當然拓展到一定程度還是會碰壁，但範圍遠大於其他社運議題），然而，三一九一早的狀況卻是即時動態太豐富，亟需網站整理。

時間緊迫，我們選擇用 Tumblr 架簡單的部落格。張登皓本來就熟 Tumblr，又是前端工程師，修改設定駕輕就熟，我們採用 occupation.today 這個好記的網址，讓網站上線。利用標籤功能，將各式各樣的資訊簡單分類成即時轉播、報導、國際報導、資料、論述、動員、現場需求等，後來也分出靜態頁面，方便使用者快速查閱。我們本來也想看看流量，沾沾自喜一番，孰料 Google Analytics 沒有設定好，一看數字就知道不對勁，沒空修繕，就 let it go 了。

我們在論述的靜態頁面下了較多工夫，擬出一個論述架構，再把網路上的連結一一歸類。到了事件的第三天，運動的資訊彙整網站陸續出爐（最後是由 g0v.today 成為公認的官方網站），個個都比 occupation.today 精緻複雜。我們都是業餘支持運動，沒有意願也沒有餘裕競逐流量，大約第五天便將本站定調為「三一八事件的紀錄網站」，特別經營其他網站都做得不夠好的論述分類。

不過，三三〇的五十萬人上街之前，運動的風向與局勢每日都在改變。我們很清楚網路傳播的侷限，所以第九到十一天左右，心力放在線下，協助發傳單、製作「真相光碟」，畢竟佔領行政院之後，讓不上網或上網僅求娛樂的市民有機會接觸到電視媒體刪剪掉的事實，就成了團結更多群眾的必要工作。

## 網路媒體

是的，三二三佔領行政院後數日，台灣名副其實地一分為二。警察在江宜樺與王卓鈞的指揮與授意下違法行政，驅離的手段過當，甚至先隔離媒體後才動手，簡直分不清是執行公權力強制驅離，還是對市民施暴以儆效尤。除了三一八事件伊始就押寶運動者的壹電視，以及隨後出動新聞綜藝化祖師奶奶張雅琴跟上的年代新聞，驅離後的一整天，許多平面與電視媒體都把警盾剁人、警棍揍人、水炮車直擊市民等畫面「自我審查」掉了，但這些行政違法的影像與證詞，在網路上卻是轟傳，網路媒體披露或引／盜用者較多。

線下媒體的資本結構、執照的制度條件，乃至人力與物質的規模，均已構成難以跨越的門檻，小資本無力攪局。相對而言，網路則是比較有機會介入的場域，尤其在特定的時勢下，少數個體也能達成可觀的傳播效果，關鍵仍舊在於能不能生產（真正的）資訊。舉例來說，三二三白天馬英九召開記者會，從頭到尾洋溢著漂亮話術與斷章取義，我們揪了朋友，將蘋果整理的逐字稿複製到 Hackpad 裡面，即時同步編輯，做出〈3/23 馬英九記者會發言揪錯〉，推出後，此資訊發酵期間，同時閱讀人數少說有三百人。本次運動中，以台大新聞所學生為主體的「台大新聞 E 論壇」也肩負起「自己的新聞自己報」的職責。我們一路見證該粉絲頁的按讚數和討論人數，一週左右就都躍升了三個數量級。

經濟的觀點所勾勒的「崩世代」與文化的視角所形塑的「單機遊戲世代」甚至「九〇後」世代委實高度重合。這個世代位置低薪、窮忙、不敢生，同時，他們念國小的時候就接觸電腦，稍長便接上了網路，擅長瀏覽和超連結，習於筆戰，在推文中不斷「歪樓」與二次創作，著迷反日常或超日常的故事，而準契約的法學概念（「夥伴」、「羈絆」）則會掀起他們怪難為情的熱血。若說台灣勞動條件惡化逼出這個世代的現實感，他們能善用資訊科技則要歸功於文化條件，而其動員模式也迥異於政黨的組織化，社群和「跟上狀態」的壓力，會是主導的動員力道。看似零亂鬆散，然而我們恐怕還沒弄清楚箇中邏輯。

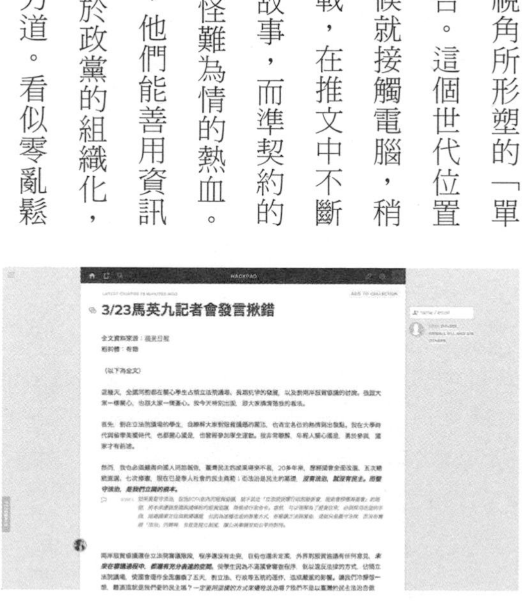


## 資訊社群的影響力

佔領立法院到了第二週，網路上的注意力大致從「反黑箱」轉向服貿本身的談判與監督過程，資訊人的影響力更趨明顯。「自己的服貿自己審」將服貿影響的產業及內容列出，串接上討論介面，詳情可參考站長自述。這個網站傳播極快，也促成實質討論。服貿簽回來之後的公聽會，本來只有難以取用的原始資料，靠著g0v等資訊人協力，沒幾天就整理到一般人也可以輕易檢索、閱讀的程度。

這批構成緊密的社群，他們主要的貢獻是批量取得原始資料，整理成網站等形式傳播。「科技改變社會」可望是維繫民主台灣的重要力量，值得其他領域出身的人認真看待、積極參與，或至少嘗試與之合作。

話說回來，「科技改變社會」要能邁進，至少有兩項制度前提。一是政府資訊公開法，此法要求政府應主動公開若干資訊，讓人民有促請政府「利用電信網路傳送或其他方式供公眾線上查詢」的依據（§8）。少了這部法，政府部門放任資料風化也沒辦法追究責任，再厲害的工程師也難為無米之炊。二是「網路中立」概念，亦即網路服務提供商及政府處理資料應一視同仁；基於使用者、內容、網站、平台、通訊模式等原因而作差別對待或定價，都不符合網路中立。吳修銘曾提出「分離原則」為操作判準，即「資訊經濟中的不同功能需要彼此保持良好距離」。台灣的電信三法、開放項目包含第二類電信的服貿協議，都是公民守護自己的資訊自由所必須盯緊的項目。

# 鍵盤的力量

文．蔡博宇（北科大光電所碩士生）

鍵盤，指的就是那些透過電腦使用PTT（台大BBS站）關心世事的「鄉民」朋友。在PTT的世界裡，訊息的流通是相當快速，不可否認的不少媒體朋友會因此在這裡「取材」。

一般來說，PTT同時站上人數約為十萬人，在各式各樣的眾多版群中，有三個版會討論到此次服貿的議題：一、八卦版（gossiping）二、政治黑特版（HatePolitics）三、服貿討論版（FuMouDiscuss）。八卦版一直是討論所有重大議題的區域、在此活躍的鄉民也相較多數，因此在這裏主要是描述八卦版鄉民的行動。

八卦版的生態一直是會對於各種不同議題而熱烈討論的看版，因為人數眾多現場「Live」文甚至是此版的特色，當然這次學運議題絕對不會被放過，在最熱烈時期甚至看不到其他議題被大家拿出來討論。

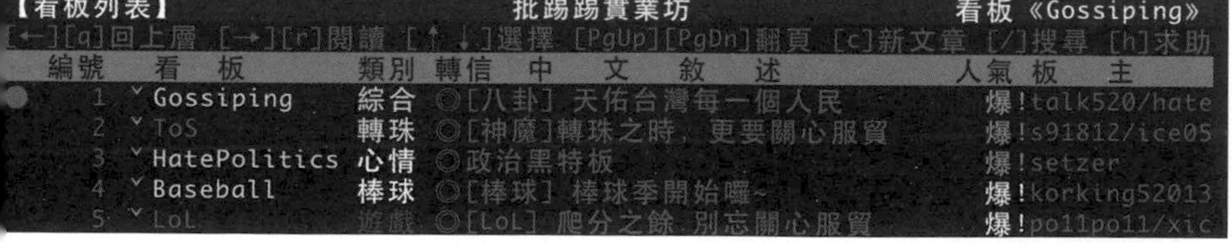

| 【看板列表】 | | 批踢踢實業坊 | | 看板《Gossiping》 |
|---|---|---|---|---|
| [←][q]回上層 [→][r]閱讀 [↑↓]選擇 [PgUp][PgDn]翻頁 [c]新文章 [/]搜尋 [h]求助 | | | | |
| 編號 | 看板 | 類別 轉信 中 文 敘 述 | | 人氣 板 主 |
| 1 | ˇGossiping | 綜合 | ◎[八卦]天佑台灣每一個人民 | 爆!talk520/hate |
| 2 | ˇToS | 轉珠 | ◎[神魔]轉珠之時，更要關心服貿 | 爆!s91812/ice05 |
| 3 | ˇHatePolitics | 心情 | ◎政治黑特板 | 爆!setzer |
| 4 | ˇBaseball | 棒球 | ◎[棒球]棒球季開始囉~ | 爆!korking52013 |
| 5 | ˇLoL | 遊戲 | ◎[LoL]爬分之餘 別忘關心服貿 | 爆!po11po11/xic |

在爆發佔領立法院之前，三月十八日凌晨時分就有一篇蘋果日報的「強行通過服貿　國民黨手段粗暴」（#1J9oZcE9（Gossiping），註：此為文章代碼）說明張慶忠委前一天的動作被貼出來。當然張委員的行為受到鄉民們的一致性無法接受這行為的憤怒回應，並且大約三小時後隨即就有鄉民發表張委員的行為背離程序正義的法律專業文章（#1J9pnDl3（Gossiping））、以及三月十八日晚上學生進入並佔領議會後同一時間就發表文章並提供現場直播的網址（#1JA4P-v7、#1JA4rh0S（Gossiping）），在此就可以看出來鄉民朋友並不是一群只會瞎鬧的群眾，裡面個個臥龍藏虎，專業的內涵在運動一開始就展現出來。

BBS最大的優點是即時性，自三月十八日開始佔領立法院以來，便常常透過爆卦方式將現場即時的消息發佈出來給線上的鄉民知道。包括佔領主席台、警察不同時間的攻堅狀況、立法院匾額被拆下、進攻行政院等最即時的消息透過最簡單的文字作傳達，另外還有在立法院周遭的鄉民透過手機發文，通知大家哪個位子最需要大家的支援。部分鄉民還會報告在現場的經歷、舉證消息的正確性等，特別是常常有鄉民糾正媒體的不實報導，【[爆卦]同學被陰森新聞做假新聞】（#1JEfjyrp（Gossiping））、【[問卦]看中天新聞看到很生氣！】（#1JASVTLk（Gossiping））、【[爆卦]TVBS的採訪真噁心】（#1JA_EI7B（Gossiping））等類似的文章不時出現，希望用自己參與的角度告訴大家這裡真正發生的事項。

在社會運動期間可以看到很多八卦版甚至 PTT 平常時期不會出現的特別現象，以下舉幾個例子作說明：

一、【［爆卦］有藝人發聲了】

這個系列文已超過一百則貼文，宣誓每一位公眾人物的臉書、微博狀態都被追蹤，贊成或反對的立場都會被放大做解讀。

二、八卦版綠爆（同時在版上人數為三萬人）以上已是常態。

在學生運動開始之前平均大約為一萬至兩萬人左右，綠爆以往只有在棒球國際賽時在棒球版（baseball）才會出現的狀況。開始佔領立法院後幾乎隨時都是呈現超過三萬人同時在線上，甚至在三二三攻佔行政院的那個晚上甚至達到黃爆（六萬人）、紫爆（十萬人）的驚人成就，顯示鄉民們就算無法到場也非常關心此運動的隨時動態。

三、有立場人士接連發聲。

【［分享］香港朋友看服貿】（#1JC7UmkB（FuMouDiscuss））、【對不起，不再袖手旁觀了——一位企業主眼中的服貿】（#1JBQEXac（Gossiping））、【［問卦］台商看服貿】（#1JE4k5nE（Gossiping））等文章獲得廣大鄉民的分享與支持言論，其中後面兩則是台灣既得利益者的真實告白，紛紛出現「大推」、「中肯」、「好文！」等支持的大量言論。

四、鄉民們一致性的言論。

鄉民這個名詞在八卦版裡面又稱為「酸民」，因為這裡的群眾有時候為了好玩會盡全力沒有目的地酸。就此次運動來說自簽署 ECFA 開始不斷有正方與反方的對話，不過在學運開始幾乎就剩下支持學生運動的回文與文章貼出，偶爾會有中時、旺報、東森的電子報或有關於支持服貿的文章出現時時下面的回文就會迅速被「噓爆」。

五、有證據顯示對岸想要搗亂 PTT。

在佔領行政院當天，八卦版達到紫爆（同時十萬人在版上）、每秒大概會有二十篇新的文章出現。為此版主們將「推發文」門檻加高至登入次數二千五百次（亦即必須七年多每天使用才有資格）避免整個看版演變成無法管理的狀況，也因此不少鄉民無法在八卦版上活動，結果八卦版上只剩下支持運動的言論，鄉民指出有人想要用人民幣二百元來購買能夠發表言論的帳號。

六、透過 PTT 宣傳買廣告

廣大的鄉民因覺得部分媒體一直在用不實的報導抹黑在立法院的學生，便在 PTT 上揪人一起設計、寫文案、出資將真相用報紙廣告的方式告訴被媒體洗腦的廣大群眾。之後透過群眾募資【FlyingV】網站幕得資金後得以在《蘋果日報》、《自由時報》甚至在國際性的《紐約時報》刊登全版及半版廣告。

「我不過是跟著鄉民進來看熱鬧的」是鄉民這個代稱起源，大家會說鄉民是只會躲螢幕後頭透過鍵盤發聲的一群不諳世事的族群，鄉民們自己也會用「萬人響應，一人到場」自我解嘲，不過就這次學生運動來說，很多鄉民有專業知識的也貢獻其所學、有錢的鄉民也提供金錢支助前往立院的物資及車輛，最重要的是很多鄉民都前往立院做最有力的聲援。鄉民們都站出來了，你呢？

我們想要守住自由的台灣。

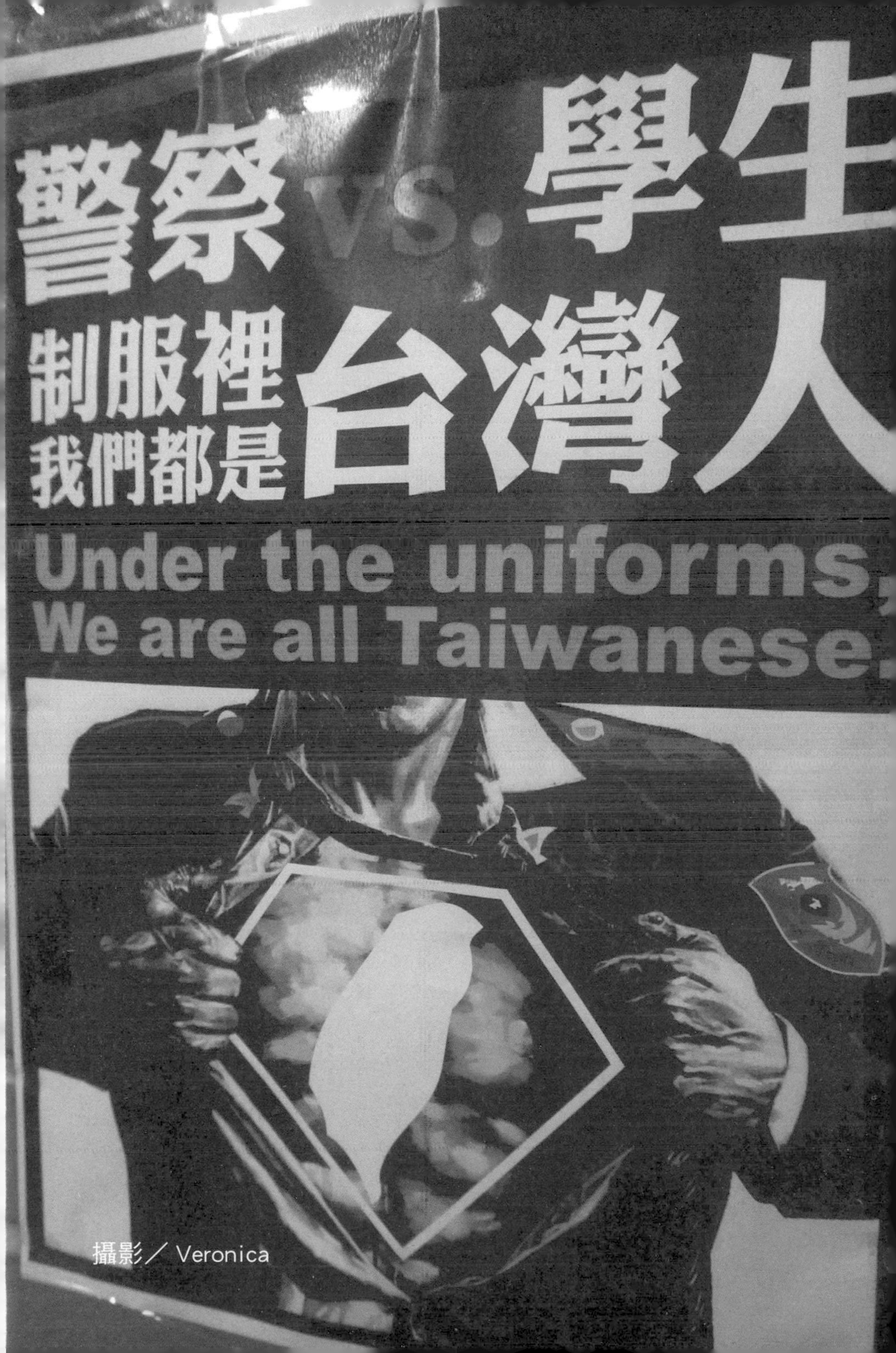
警察 V.S. 學生
制服裡
我們都是台灣人
Under the uniforms,
We are all Taiwanese.
攝影／Veronica

# 採訪台大新聞 E 論壇成員李映昕

記錄・鄒柏軒
整理・廖之韻

Q：在什麼契機下，台大新聞 E 論壇成為最早第一手報導佔領立法院行動的媒體？

A：其實也有人問說為甚麼你們是報導反服貿而不是反核或是其他大型運動，我覺得那個刺激點在於第一天他們衝進立法院，發言人是台大新聞所所學會會長彭筱婷（媒體上常出現），她只是去做採訪作業，不小心跟著衝進去。還有上 CNN iReport 的學妹，叫佳軒，她們兩個就衝進議場，當下覺得身為一個記者見證了第一現場，剛好筆電什麼都有帶，就做了一個 stand 報導。而且彭筱婷在臉書上一直即時轉播，包括四次攻堅的情形，整個晚上就在那邊做連線報導，而且影片被轉了四百多次。那天晚上我們發現她竟然衝進去的時候，覺得很興奮，他們班學弟妹大概十點多、十一點，就趕到現場，那時候外面已經集結群眾，內外都在連線報導——我貼了影片後，你幫我轉，我幫你轉，在網路上形成資訊網路。

我們第一次意識到可以做點什麼。而且對於就讀新聞的來講，見證第一時間、第一現場，完全就像嗎啡。第二天我們發現有成為團隊的潛力，但很忙沒想那麼多——弄個媒體哪有那麼容易——大家就到濟南路當參與者，發傳單，用line群組。晚上學妹提議要不要弄個採訪團隊？我說可以討論，但沒有抱期待。當彭筱婷他們又進議場時，媒體要採訪CNN學妹，就把我們順便帶進議場。這時候外面也有一些人開始做報導。不曉得他們怎麼在濟南路找到帳篷，那裡就變成我們的編輯檯。所以，我們從第三天開始，這個團隊就奇妙的自己形成了。一開始只是新聞所幾個碩二同學（我碩三了），在議場裡面有人，議場外也跑新聞。

台大新聞所實務課程很多，基本談話寫作我都懂，現場事情多，要找出新聞其實不難，寫出短訊其實不難，拍照就更簡單了。我們立刻想，平台要哪一個？是要用一個只是來「插花」的平台嗎？本來台大新聞E論壇是貼學生作品的平台，只有八百粉絲。後來把權限開給我們用，貼文就一直滾出去。如果要問粉絲數量，我自己觀察，一直到前兩天，每天幾千人的成長，我那時第一天的心中預估，最後能破五千就算厲害，但有一天突然破五千，粉絲數量成長得比我想像中快多了。之後，我自己又想，是否能破一萬四（獨立評論是一萬四），破萬感覺就是有點成績，沒想到一路竄升。竄升最快是行政院前後那幾天，每天醒來都多一萬人（大家都即時想知道最近狀況）。我自己的觀察是前幾天讀者還沒有被培養出來，可是過了幾天後，尤其到第五、六天和行政院那天，大家非常渴望知道議場內外發生什麼事情。

佔領行政院前後，粉絲大概五萬到九萬，每天醒來增加一萬人，之所以那麼快破十萬是因為有行政院那段時間。那晚更不用說，因為有人在裡面跟。我們很快就發第一則有衝突的新聞，整夜一直滾一直滾——大家很仰賴我們的即時訊息——沒有關鍵事件，但有關鍵時間。

Q：第二個問題，台大新聞E論壇是非主流傳播，雖然有主流媒體報導，但仍有些差距。妳覺得它的組織模式和你們自己自發組成的編採原則，是否與主流媒體不太相同？你們注重的精神是什麼？

A：我覺得要先講組織，大概在台大新聞E論壇開始運作時，我還在議場。等我出來，發現學姊找其他人幫忙，有的同學加入傳播鬥（傳播學生鬥陣），也有政大同學加入。大家加入都是非常自願的，沒有一個很明確的編採流程，也沒有指定跑哪條線，因為立法院到行政院事件都很多。我們在濟南路、青島東路的駐點，光是把這幾個點的訊息寫完貼出來就非常多了。

像是「民主香腸」之類的場外花絮，跑現場時意外發現就寫進去。我們的面向很多、很廣，而且公正客觀，但其實我們沒有主動發現任何線索。這讓我覺得很疑惑，我們只是忠實把現場記錄就得到那麼多稱讚，那主流媒體到底在幹嘛？

Q：你們想過出社會要怎麼辦？要做相關工作嗎？你們跟主流媒體有什麼對比？

A：這是一個很奇妙的對比，像是林飛帆的外套。一開始我們也沒去跟其他媒體比較，甚至沒有太明顯意識到要做出什麼東西。直到外套系列，我們群組就說這個不要做，大家開始意識到有些新聞我們不跟，因為我們自己都覺得很瞎。

媒體污名化學生是暴民或強調反服貿學生要休學，身為一個新聞人，就知道這很刻意，久了之後更會發現。我覺得一來我們非營利單位，沒有長官下令或方向，沒有那些包袱，大家就是百花齊放。我們覺得有新聞價值，認為寫得還可以就丟出去。說真的，我也不知道我們有沒有漏掉哪些線，但呈現出來的結果剛好還不錯。

我沒有看過很垃圾的新聞。但我們的東西一直被主流媒體盜用（就是被當ptt啦），一直被轉載，有的會註明出處，有的不會。

我們後來就去咨詢學長和律師。之後也陸續發線蘋果跟自由是截圖，中時複製貼上還蓋浮水印。三三〇凱道我們在編輯檯發現後，請中時電子報老師跟高層講，高層回說：「會拿掉。但你們也沒跟我們提出異議啊！」我們想說這是基本的新聞倫理誒！我收到簡訊時，覺得真的很沒品。

昨天發生更沒品的事情，三三〇凱道中天要在現場live，就被舉牌，然後我們就發新聞稿。結果昨天中天發什麼「捍衛新聞自由」一張圖片就是偷我們的。我在臉書上直接開罵！捍衛新聞自由偷別人圖片跟蓋浮水印，根本垃圾媒體！很不能原諒抄襲，我們都備份起來。翻拍截圖倒是遊走法律邊緣，那就是新聞自尊心問題了。但中時太過分，那個圖片一出來我們就一片罵聲。主流媒體有那麼不用功嗎？我知道行政院那天蘋果派出二十名記者，其實我們巔峰時刻也派出這些人，當然不是要跟主流比，而是說主流媒體其實有這個能力可以做到的。我不是刻意要針對旺中，但剛好都發生在他們身上——你為甚麼要偷我們東西，講過還用，還拿來發捍衛新聞自由的聲明，那真的是給自己打一巴掌，我真的覺得很瞎，但後來撤掉了。被主流媒體拿去用，我並不就覺得很開心，反而感到悲哀。我們的新聞這樣子對待。「公視十五人」一開始是我們先發現的，這消息一貼出來，自由就拿去報導，新頭殼接著拿去抄，ETtoday 也拿去抄，一直到新頭殼都還有引述新聞來源是我們，但到了 ETtoday 就被改寫成他們的。這是新聞進化論嗎？到最後你已經不知道原始出處是哪裡了。

我也知道網路媒體天下一大抄，蘋果、自由會寫翻拍，新頭殼會說是我們報導，就覺得也還好。但中時複製貼上浮水印，就無法原諒、不能接受。

Q：有沒有什麼特別重視的編採原則？你們的傳播力量已經超過想要知道現場狀況的即時報導，你們還會去很快查證。行政院那天晚上很多人傳說有人在醫院死掉了，是你們在台大醫院查證無人死亡，澄清這個傳言。

A：傳統的新聞理論就是公正客觀，這其實抽象空泛。我質疑為什麼主流媒體做不到，不是記者做不到，而是上級指示要做成什麼方向。我們沒有任何包袱，所以我們都寫出來了，結果反而去實踐了傳統新聞學的公正客觀。另外就是你剛剛說的查證很重要。台大醫院有沒有人死，這新聞其實我們壓了很久，後來問醫院才知道沒這件事。

那一晚大家說一直有水車到行政院噴水，我們也一度發了消息，但其實還沒有噴；我們就即時更正了。還有，是催淚瓦斯嗎？也發錯，我們也更正。後來，發了個正式的聲明，表示我們發了一些不精確的東西，表示道歉！臉書訊息傳很快，錯了就再發一篇，因為如果你直接去編輯修改，讀者不會回去看。台大新聞Ｅ論壇的特點是即時性夠強，而且開會討論過也要顧正確性、不要瑣碎、不要造成恐慌。第一個禮拜就一直說什麼保一到保六集結了，北上桃園哪裡在動等等，但我覺得不要太頻繁，會造成恐慌。還有太瑣碎的東西，像是有民眾在濟南路跟志工吵架，一開始這種新聞有意義是因為警察在攻堅，外面氣氛在轉換，但後來穩定了，警察也不攻了，這種新聞我們就自我提醒，不要造成恐懼跟危言聳聽。像行政院那晚派很多記者出去，就有很多消息傳回來，有時候一句說開始打人了，我們就要問在哪裡、什麼時候？人事時地物都要說清楚。除了即時性，正確性跟新聞價值更重要。噴水那件事，其實沒有人指責甚至讀者都不太知道，因為那時消息那麼多那麼雜，但我們自己就知道犯過這個錯誤。

Q：你們每天都開檢討會？

A：沒有，其實我們只開過一次會，也只有我跟彭筱婷宣布一件事，要聚集所有人太難了。我們把所有要講的事情列出來，當場大家沒有意見就通過。明天我們要開會，應該會有比較深入的討論。

我們的組織到後來太龐大，二十四小時都要有人。濟南、青島東、議場各兩名，至少六名。消息很多的時候根本人手不夠。在那麼龐大的組織下一定要有適當的分工跟sop。我們有決策小組跟編輯群，哪些人比較hold得住編輯檯，就讓他去做。我跟彭筱婷就是在做行政。如果只是兩三天新聞游擊不對就算了，但我們已經運作了兩個禮拜，同時也發現很多要討論的問題。什麼樣的即時新聞才是有價值可以發的，一定有記者覺得要發，編輯覺得不用，或者反過來。當我們發現兩邊出現認知落差的時候就要討論。

Q：有一個資訊彙整平台，有文字轉播、議場內畫面，是g0v.tw台灣零時政府，在這次運動中和你們的關係為何？

A：有，我們跟他們不同單位。我們在濟南路是隔壁棚，算是好朋友，在青島東路那裡就是我們跟他們共用一個棚。g0v.tw曾說想轉我們的文字，因為他們沒有新聞轉播，而且他們也想做 app 或是入口網頁，點了會連結 E 論壇，還幫我們拉網路、光纖等等，就是這種技術上的。其實他們也幫我們弄 E 論壇的備份，因為臉書備份真的太難了。我們在轉播上沒有合作，但他們其實給我們很多技術上的支援。可是，我們還是兩個獨立的單位啦！

Q：台大新聞 E 論壇現在是個粉絲頁，報導以臉書為主，會不會覺得臉書有些侷限？如果要再傳播出去（除了其他新聞媒體挪用你們的訊息之外），想要怎麼做嗎？畢竟臉書被批評成同儕之間分享的平台，很難再擴大出去。那些以看一般新聞跟收發電子郵件這種方式為主的群眾要怎麼辦？

A：我們其實沒想過，可是一直想知道看我們的十萬人是誰。我朋友的朋友都說他們會看，但那畢竟是我身邊的朋友而已，也只是十萬中的一、二十個，我真的很好奇讀者群是誰。至於強大的傳播力，我們沒想過臉書以外的東西。當然，有些科技網站跟人士都想合作，但扯遠一點說，議場內外聯繫很差，我們根本無法知道十萬人是誰，也沒認真分析過。我們不知道自己下一步會去哪裡。臉書擴散率十一萬已經超越一般獨立媒體了吧！不是自捧，但我們的品質、量跟角度都穩定而持平。粉絲數量成長主要還是因為議場內外溝通不良，靜坐者想知道狀況，甚至兩條路之間的差別，滑手機就看到了，不太長，適合閱讀。我們填補了資訊缺口，還有閱聽人的渴望，剛好份量又適合手機使用者閱讀。

Q：新舊媒體是不是你詮釋這件事情的角度？例如訪問你們時，你們強調這是新媒體取代舊媒體。

A：科技報橘知道吧？他們是個網路媒體，他們就說我們是新科技。我自己認為台大Ｅ論壇沒多厲害，被注意到是因為粉絲數量多，而且我們持續二十四小時不漏的報導。我們訊息傳遞全面，但技術並不新穎。我們就用臉書跟 line 而已啊！line 只是內部群組，大約八十六個人。

三三〇凱道那邊也有編輯台，加上立法院，有訊息分流。訊息量很大，挑戰不是運用科技，而是彙整訊息跟整理發出。至於用新科技解讀……可能是比較聳動吧。（g0v 使用了很多新穎的字眼啦。哈哈。）例如什麼？（大致上處理的就是說，收訊很差，大家就用×××，收訊效果就好）蠻厲害的。三三〇那天議場收訊聽說很差，他們就自己拉光纖，超強的。他們還幫我們在濟南路拉，4g 的兩倍。他們有很多很強的技術。g0v 就是台灣一群超強的變態工程師嘛。

Q：在新舊世代傳播形式跟文化上討論，依你們的經驗，差距最大的是什麼呢？

A：比如說新聞專業議題嗎？我自己實習在反旺中時進中國時報政治組，我其實參與反媒體壟斷，從老師找我當研究助理，第一場抗議我就在，當我去中時實習的時候，這位老師笑得很開心，說學生去當臥底了。但是，我進去後，發現也不是每個人都很壞。政治組因為長官擋下來，新聞要有的基準他還是守住了，但是後來長官跟學長姊也離職了。我接觸主流媒體的經驗就這麼少。就新聞議題而言的話，老師上課的口號，我們正好拿來實踐，大家基本上都有採訪能力，而且沒有商業包袱，只是燃燒自己的肝跟拋棄了私人生活來把這個論壇撐起來。如果，我們離開這裡，進到主流媒體會不會沒有空間？我想，恰恰是現在我們了解自己有多大的空間，才知道主流媒體空間多小。我覺得，這是很明顯的落差，包含圖被盜用。

我很珍惜這群團隊，但也是因為有這個空間，才意識到我們未來的行業有多險峻。我不喜歡同行互罵，在裡面知道大家都為難，高層要看收視率。但我們以後可能也要走進去，也不會因為現在我們做得好，就特別開心，因為我們有一天也要離開Ｅ論壇。

某報高層打電話跟我們說我們做得很好，一定要繼續下去。台大Ｅ論壇以前網管的學姊跑出來，說這就是當初的理想。大家都說我們一定要往前走，但財源呢？我們之後要報導什麼？其實都難以想像，而且要寫論文，碩士班也有課。大家都想像我們是新媒體實踐，乾淨的場域，但經費呢？有人說可以捐錢募資給我們，但就算有錢，要做起來，事情將會變得很複雜，我也不知道怎麼走下去。本來五千粉絲我就開心了，但現在有十一萬。而且班次一直輪，大家又累又情緒化，卻沒有人放棄、退出，雖然很多次大家都快走不下去，還是繼續往前衛，一直突破極限。跑完現場寫專題，從議場內的內心文到對兩黨的看法、公民憲政會議，以及訪問不同的人，我們似乎是唯一去問黃國昌公民憲政會議的媒體。大家不斷增加深度，想做的事越來越多。雖然很抽象，但就是這些熱情，沒有人放棄，城堡就不塌。

Q：最後一個問題，什麼是這熱情的核心？要具備什麼？

A：我覺得是時間點，要不是彭筱婷衝進立法院，就不會有後來，而台大新聞所真正組一個新聞團隊則是第一次。原來不是只有跟隨組織需要，我們雖然是學生也可以傳遞訊息出來，這就是我們基本的人格特質，我們就想當傳訊者，而且對新聞工作有熱情。我們無阻無礙，只是稍微亂一點，以及追新聞很累。主流媒體卻常常是編輯檯說因為立場而不能發某新聞，但我們沒有這些限制，只是激勵大家，讓新聞一直被看見，也有個空間來發揮能力。我們的採寫老師應該會很驚豔，大家在學校都沒寫那麼好。

我們是媒體，寫報導若寫到弱勢底層的苦難，我們就思考能做什麼？前輩跟我們說，客觀呈現處境就是最大的事情，我們不是 NGO 或社運者，但是身為記者這就是夠了，不夠就改變身分囉！目前我們只要達到資訊的傳達，就是最好的了。

（本採訪稿為李映昕個人立場，不代表台大新聞 E 論壇立場）

# 街頭民主

攝影／蔡博宇

# 種植——致太陽花學運

文・蘇家立（詩人）

沙漠不應活在城市中央。

他們種下自己的明天
用血液灌溉直到長出綠洲

仙人掌把尖刺交給陽光
伸出手撫摸彼此的細孔
水就這樣輕輕流出

攝影／Veronica

# 烏托邦內的邊界——立院場域的階級呈現

文・李嘉艾（清大社會所碩士生）

我們如何理解這個運動的本質，來自於我們如何理解這個空間，如何詮釋權力的運作軌跡。隨著各地源源不絕湧入的人潮和物資，以及各種零碎、突發的新聞資訊、衝突意外和各種評價，立院周遭支持這場運動的公民紛紛自發行動、組織，形成某種高度流動的社會空間。三月三十日，創造出台灣有史以來五十萬人上街遊行的紀錄後，運動又退回到立院，持續進行看似無止盡的漫長等待，運動內部原先存在的各種問題也依舊無解。在此我提出幾項對於運動群像的觀察，每一項的觀察都與學生選擇的決策模式、運動路線有關又不盡然相關，而我無意批判。

這場運動打自第一天開始，就不應該稱作「學運」，長時間的佔領早已將立法院周遭的平面地圖打造成一個具體的小型社會，有效維繫這個社會空間的主體不是學生，而是來自自發性行動、組織的公民支持，因此「社運」或「民運」的稱呼，可能都比「學運」來得合適。

但是，這個運動因為它是「學運」，因為學生的參與而有了號召力和正當性，待在運動場上的人群，不自覺地再製了現實社會的階級區分。學生，年輕上班族，歐吉／巴桑，街友，還有被定義「黑道」、「角頭」、「混混」、「看起來不好惹」的人兒，在這場運動中如何自我定位、定義他人，無形中也決定了他們的行動，以及決定他們決定自己在這場運動發揮的「功能」。

三月二十三日陳為廷在立院對執意衝進議場的群眾喊話，「立法院我衝的，我負完全責任。」有許多人將之解讀成，陳為廷定義這場運動是他的場子，收割了衝進立院的功勞，無視其他一同衝入議場且協助維持佔領狀態的公民及團體。當外界定義這場運動是「學運」，造就「學運五虎將」的明星樣板，許多人認為這場運動就是學生的場子了；一名北上參與靜坐的學生表示，「我趕來見證歷史，因為這是野百合以後最具代表性的學運。」一名已出社會的公民說，「人家捐的物資要給學生，我有賺錢餓了自己買就好了。」另名上班族說，「如果不是學生發起，我恐怕不會坐在這裡。」一名舉牌公民說，「稻是學生種的，我們只是收割。我在這裡站著就是為了保護學生，那些在議場內外努力的學生。」再者，許多學生幹部或志工恐怕也有許多抱著「誰的場子誰說話」心態在現場做事；議場入口、現已不存在的社科院後勤基地的出入都看學生證件；二十一日社科院派來學生「總指揮」接管由公民團體協助主持的青島東、濟南路舞台，學生總指揮對著公民團體說出「為什麼這裡都沒有學生的聲音？」

接下來在「奪權」的過程中出現不同大大小小的學生「總指揮」穿梭現場，對公民、對社運團體宣稱「我是總指揮」，企圖重新定義「規則」，掌控所謂的「秩序」。一方面，你可以探討這場運動究竟是真實的烏托邦還是動物農莊，是誰賦予了誰權力？在單純的學生當中流動的權力欲，留下了什麼樣的痕跡？另一方面，你不得不承認，學生運動背後有其「身分政治」的操作空間。

不過，學生的身分不代表它在整個運動空間掌有話語權。學生自以為制定了一套規則，實則不然。整座運動場域並不是同質的社會空間，而是各個不同人群組成的生態系。長期在場的參與者彼此之間已形成默契，共同擁有一套的潛規則。長時間守護某座路口不敢離開的自主公民說，「我不是學生，我長期失業，我誰也不是，可是在那裡大家都認得我，連警察有事都指名要我處理。工作名牌是我們自己做的，無線電後來才發給我，有事我都主動回報，沒有人回報我。有一天上面突然來人要接管這裡，硬要大家照他的話做，沒人理他，大家還是要我出來主持，我也不敢離開，因為這裡需要我。」一方面，這名志工表現出在這個空間中有機會展現自我能力的肯定，還有所處位置的滿意，同時他也隱約地察覺到在現實生活中關於自身階級和學生幹部兩相對照的高低位差。當然，學生幹部的歧視不一定是來自階級意識，而是來自學生幹部對於外來者控場的不信任感。無論如何，這個空間中的每一區形成一塊自主的生態系，生態系中發展的潛規則排除了不和在場公民互動、沒有和群眾深入「搏感情」的學生幹部。

學生的位置相對於主動參與/被動員的公民，各自的經緯度分別處於運動的中央和邊界，然而邊緣之外還有邊緣，這群邊緣外的人群有的逐漸被認識，有的仍被晾在一旁。有一群人，直到夜深才會出現，他們身上有的裝備齊全，甚至自備無線電，有的刺龍刺鳳、威武不屈，有的吸菸、嚼檳榔、氣勢十足。剛開始大部分的人遇見他們會自動繞開，有許多糾察忠於職責，得硬著頭皮上前詢問，這時他們就會露出實在讓人無法放鬆的溫暖微笑，告訴你「我們是來保護學生的」。現在大多數的志工都已認得他們，遇到不認得的、阻攔他們的志工，他們就會亮出手腕上的小紅環或腰間的無線電。這群人，來自社會各行各業，有武行、有退役軍人、有在某個堂口的兄弟，有的是朋友拉朋友一同加入，有的是第一天就到場自發性巡邏，最後大家開始集結在一起，形成「安管部隊」。這些人，其實多半很低調，對於自己的立場和出身不願多談，只說「舞台不是我們的，我們在這裡就好。」「今天最主要的是裡面的人（指議場內的學生），裡面要有凝聚的力量。」「像我們這種毀類（台語：敗家、浪費）的人，和裡面不搭嘎。」「兄弟有兄弟的作法，學生不會懂這些。」「我們待在這裡就有嚇阻的作用。」這群兄弟，很清楚自身在運動場域的定位和功用，他們有自己的班表、人員、裝備，他們不隸屬於哪個團體、哪個路口，對於場域內的權力關係有種看似看得透徹的嘲謔。其中，有人稱自己是「黑暗騎士」。

黑暗騎士不再「黑暗」，參與者和志工漸漸認得他們，不只有志工會主動送物資，還有民眾路過會向他們說「辛苦了」。隨著物資的進駐和發放，有人說運動現場已要成為遊民天堂，聚集的街友越來越多，有的是來自台北車站，有的是來自萬華龍山寺。有學生志工表示，「也是有民眾會來反映（遊民問題），睡在那邊的遊民沒辦法管啊，有的還會邊喝酒邊吐，我們還得去清理。」另名志工說，「（醫療通道和物資發放）這些規則，年輕人會樂於配合，重點是那些來湊熱鬧的老人和遊民。」我認為，台灣社會對於階級意識的成形和階級再製的批判，本來就不夠普遍，以致於在擁有相對進步價值的運動場域中，參與者的日常對話仍不自覺地加入帶有「階級歧視」意涵的言語，未能進一步去反省、檢視所謂的「公民」群體指涉哪一群人、排除了誰？進而再製了現實的階級區分。鮮少人記得，第一天晚上有街友是衝進立院的第一批人，他站在議場殿堂大聲說出我反服貿。又有多少人會記得，在深夜濟南路的「賤民解放論壇」，沒有人預期他會開口的那名街友拿起了麥克風表示，「台灣是我們的家，我現在是弱勢族群，我也在擔心說今天若通過服貿，到時我們這些一無所有像螞蟻般的人馬上就會活生生地被逼死。」「公民憲政會議有包含我們這群人嗎？如果沒有，這種會議也是開假的。」

越是底層，對於相對位置的高低位差越有體認。佔領議場至今，有許多觀察者從現場「秩序」的樣態，去洞見群眾的自律來自於為尋求認同而盲從權威，太過在乎外界眼光的檢視，以至於維護民主精神的運動現場不自覺地再製了階級社會的自我投射。我認為，整個運動場域不該被視為一種停止流動、僵固單向的權力關係，而是所有自主公民在空間中的不同區塊自行發展出來的生態；其次，階級是否僅是上對下，議場內與外，核心和邊緣的兩種對立面，這種對於場域的全面概述，無疑是高估了單一團體或單一族群掌控運動的程度，低估了場域的邊緣之上有一群又一群的公民他們的自主性，對階級的認知和態度以及各種知識和經驗的差距。不過，可以確認的是，有許多人還在運動場域中進行活動倡議和公民培力的計畫，不斷尋求「開放對話」的種種可能性。寫到這裡，我很想向某名私訊「我也是來關心運動，大家加油」給安管的路過飆車族少年喊話，有空還是過來看看，不妨坐下和大家一起聊聊。

至少，所謂「一視同仁」的眾生平等，就存在心理服務站內。由台北市社工師工會和諮商心理師工會全國聯合會組成的心理服務站在三月二十四日進駐濟南路，他們表示「我們不認為遊民在這裡是需要被協助的對象，如果他們有需求，自然會讓我們知道。」關於學生，他們說，「警察、學生和民眾其實都處於緊繃的狀態。」「學生的內在有許多衝突，需要有人在一旁協助整理。」「這些孩子的靈性很高，他們擔憂自己的未來，關心的事情遠超過一己之私，同時，他們也在快速的學習、成長。」有學生幹部說，面對台灣有史以來規模最大的運動，也許不該苛責方才二十出頭的學生。我想，我和許多支持這場運動的大人們，都不單單以訴求結果論運動成敗，最重要的是，我們在運動過程中得到了什麼。也許，如同那群「黑暗騎士」所說的，「有必要讓學生經歷一次（運動），讓他們學習，讓他們將來不想成為這樣的大人。」

攝影／鄧宇敦

# 三月二十五日街頭小民主計畫紀實

文・安勤之（台大社會所博士生）

三月十八日，學生與公民奇襲佔領國會，抗議三十秒的服貿黑箱審查，警察隨即包圍國會，企圖攻堅。消息傳開，大批學生與公民湧上街頭，包圍警察，保護學生，「警察不動，我們不動」，口號震天作響，拉開學運序幕。

三月二十三日，由於總統及行政院長一直漠視學生訴求，學生創造驚奇，攻進行政院，群眾隨後進入，聲援學生。公民們來到了行政院的貴賓室，坐在會議桌前說：「來！我們開會！」其他的公民放鬆地坐在大沙發裡，四肢舒展，彼此說笑。有的公民進入貴賓室二樓，看到約莫直徑五公尺的圓桌，大罵「這都是民脂民膏」，指向後方的小房間，批評官員在這房間裡不知道亂搞什麼！這些年齡大的阿伯阿媽，像是進了大觀園一般，帶著歡笑，連排隊上個廁所都讓他們開心。隨著夜色深沉，鎮暴警力一批一批調派至行政院，笑顏逐漸收斂，瀰漫肅殺氣息。院內公民選擇坐下，以非暴力靜坐的方式，面對即將來臨的驅離，有的公民因為隔天上班或家庭因素，必須提前離開。那一夜，「捍衛民主、反對服貿」的聲浪不斷，「警察打人、媒體向前」是公民用盡氣力的吶喊。黑夜並不恐怖，恐怖的是被包圍在警方盾牌之後發生的事。行政院清除了公民，然而卻留下了臺灣民主史上慘痛的傷痕。

三月二十四日，我一如往常地散步到後勤中心探望學弟妹。後勤中心裡，學生三三兩兩，沉默不語，有人發呆，有人睡覺，有人自顧自地滑手機，氣氛低迷。我回到議會周遭，人們顯露疲態，我想起了那夜的慷慨激昂，也感受到此刻的意志消沉。朋友們認為應該做些什麼，決定聯合起來，運用過往帶領討論的經驗，讓參與者訴說自己的故事，彼此傾聽，促進交流。三月二十五日晚上八點，大夥在濟南路與紹興南街口集合，走入群眾，實踐「街頭小民主計劃」。

我和娃娃一組，走向靜坐區後段，這裡離舞台區有段距離，演講的聲音有些模糊，卻也提供了小型討論的機會。我鼓起勇氣，請坐著的朋友，一起加入討論。最後，我們共有八人，圍成一圈，我的左側依序為娃娃、阿文、虹葳、Libby、阿利、胖胖、阿山。

我先自我介紹，說明來意，邀請大家分享。阿文主動講了來這兒的理由，說出國時遇到中國人，碰觸西藏問題，瞭解喇嘛遭受迫害的事件，因此引發民族和國家議題的興趣，對於認同問題的感受也越來越深。她認為臺灣人應該站起來，表示立場，所以來到這裡。

虹葳同學，高中時聽公民老師談過新自由主義，大學時接觸國際貿易議題，因為反對服務貿易協定，她來到現場。Libby 是花蓮東華大學的學生，看了王丹老師的網頁，來到現場表達立場。阿利是關心時事的上班族，因反對黑箱，來到現場。阿山是台大政治系的學生，有去行政院。我請大家寫下暱稱於紙上，置於位置前，方便稱呼、拉近距離，聊聊天。

胖胖是中小企業主，從事的是傳產紡織業。她反對服貿，因為國民黨國會過半，不來擋不住。她談起留在臺灣的紡織業，成本高，但技術較強，強項是人造纖維，依賴石油，價格受油價影響；中國紡織業因產棉花，強項在棉。相較之下，臺灣的優勢是衣服的功能性。若通過服貿，中國來台名為「合作」，實為併購，拷貝技術，用月薪二、三十萬的方式挖角臺灣人材，技術流失是臺灣危機。臺灣與中國的產業規模差距太大，中國廠可能官營或者半官營，一個廠的一種機台的數量，就是全臺灣所有工廠集合起來的數量還多很多，臺灣在規模上吃虧。中國現在資金不會比臺灣少，他們需要臺灣的技術，所以所謂「開放雙方互相設公司、工廠」都是引進技術或挖人材的方法。

胖胖說跟大陸「合作」會吃虧。她以新光吳家、遠東百貨在中國被欺負的例子說明，臺灣企業去中國開公司的門檻很高，如果找中國當地資方合資可降低門檻，通常中國資方會要求公司財務部門一定要有中國資方的人。此外，跟地方政府交流時，有當地會計才好溝通，在適當的時候，當地會計可以作假帳，扣上「貪污」的帽子，吃了臺灣的公司，踢除台灣資方。也就是說，擁有地主優勢的中國資方，必要時會以抽取資金或暗作手腳的方式，併吞公司，反正法院也是他家開的。

不只是企業，連國家都可能吃虧。蘇州工業園區，由新加坡跟中國政府聯合開發，中國政府在接收到技術後，直接在旁邊蓋一座一模一樣的蘇州工業新區，使得新加坡政府招商不如預期，賠很大。胖胖說，她是去蘇州出差時知道這件事，網路很難找到相關新聞。[1]

胖胖說她在香港，遇到的都是中國人，香港幾乎都被中國化、財團化，香港人抱怨買不到奶粉。她的香港朋友也說，他們現在唯一的希望就是去臺灣玩，希望臺灣不要淪陷。胖胖說，她在香港都說英文，因為香港人對說中文的人有差別待遇，她不想被當成中國人。

阿利參與攻佔行政院的行動，是第一批進入的人。她說圍牆很好爬，一翻就過。她看到進入行政院建築的人，他們沒有破壞玻璃，而是把玻璃完整地拆下來放旁邊。後來有一些人跟進來，警察也跟進來，有阿伯要跟警察衝突，但是年輕人抱住阿伯，拉開阿伯，警察跟他們聊天，說：「厚，你們很沒有組織耶！」言下之意似乎是支持這樣的行動，但是抱怨行動者沒有章法。警察告訴阿利，進來是違法的，阿利考慮隔天要上班，決定離開行政院，因為她不想被抓。她說，作亂的其實是媒體，媒體像嗜血鯊魚，隨時想捕捉流血畫面。第一波行動，有人受傷，媒體就過來拍傷患，被白袍人員制止，維護傷患權益。

阿利知道她們的行為違法，但是手段有需要這麼嚴厲嗎？她提到國情不同，對於暴力的認知也不同。她舉例說，西班牙和義大利的球迷看足球比賽會帶棍子；美國警方則使用辣椒粉驅離示威群眾。人們只是翻牆進入行政院，有需要打得頭破血流嗎？

阿利分析三二三當天的情況，說她會參與行動，是因為相信「我們不動，馬英九不動」的說法。在當天，她看著眼前僵局，認真思考是否可以做什麼事幫助局勢，她沒想到後來有這麼多人來。事後思考，她認為應該有兩個原因：第一，因為一直有人說警察要來鎮壓，所以人越來越多；第二，蛇籠被拉開了，警察沒有吹哨或制止，雖然不知道是誰開的，但是有人說是警察讓人進去的，有請君入甕的意味。

胖胖被朋友批評太激進，於是她在臉書寫了篇觀察心得，設為公開瀏覽，希望朋友轉發，想讓朋友瞭解，現場不像他們想的那樣。胖胖提到澳洲護士工會遊行比這次學生運動還激烈，她也提到人們不滿 TVBS 的報導，只是貼便利貼，其他國家的人，可能會直接翻倒採訪車。她非常希望身邊周遭的人，尤其是認為學生是暴民的人，能夠親自來現場看看再作評論。

胖胖問大家「如何跟家裡的人談到立法院現場靜坐的事？」阿文說，爺爺那一輩遇到二二八事件，所以父輩都是偏綠派。她提到參加紅衫軍倒扁，活動結束後，活動布條放床下，媽媽打掃時發現，只跟她說「要注意安全」。她說，老一輩的觀念很難改，就像抽菸一樣，無法一時改，要尊重他們。但對於同事，阿文鼓勵他們來現場看看，說有「期間限定」的演講活動或演唱會，同事問在那裡，她說在立法院。有同事因為家裡是藍的而婉拒，但她還是會繼續努力讓大家知道這裡的人在做什麼。

胖胖補充說，出門應該要讓家裡的人知道，「讓父母知道我們在這裡」。譬如住台北的人，十二點以後就不適合繼續待在這裡，因為入夜以後不知道國民黨會幹出什麼事，睡覺的時候什麼事都可能發生，就像行政院的事件一樣。她說，但是你清楚知道自己要做什麼，而你明確知道家人不會同意，還是要讓父母親知道並且溝通，要注意安全，別讓家人擔心。

阿山經歷行政院的驅離行動，他的位置在前門。一開始，領導者要大家非暴力反抗，但是幾個警察衝出來，破壞音控設備，人就亂成一團。我也分享了自己在行政院側門的參與經驗，只要警察手段粗暴，我們就大喊「警察施暴、媒體向前」，警察怕媒體拍，就會收斂動作，因此媒體在場對於參與者來說，是種保護。

我問三位上班族（紡織業、電信業、醫療行銷業）對罷工的看法，胖胖說，中小企業的罷工，對政府來說不痛不癢，私人企業罷工對政府沒有威脅性，倒是學生可以罷課，push 大學校長。胖胖認為運動有長期抗爭的趨勢，要讓身邊的人瞭解與參與，變成伙伴，才可能持久。

阿文雖然沒有辦法罷工，但是願意讓同事瞭解現況。她買了兩份《蘋果日報》，一份自己看，一份放公司交誼室。但是擔心大家只看影劇版，所以抽掉其他版面，只放頭版。同事質疑她，她說，只是希望多一些人瞭解。

阿利提到大人和孩子活在不同的世界：大人活在媒體的世界，孩子活在很多世界，老一輩不懂電腦，不會上網看不同意見。阿文說，有些人就是只看眼前，只信特定媒體，那些人你拿他們沒有辦法，他們會說：「再說，再看看……」拒絕跟你溝通。阿文認為目前學生的討價還價，就像情侶吵架，兩方應該要坐下來談，而不是什麼都沒有談，就要另一方接受。

阿利說，上班族有「世代優越」，認為學生盲從。老一輩不聽年輕人說，老一輩只聽老一輩說，但是這不代表沒有機會溝通。她跟媽媽溝通，她不是直接關掉中天電視或轉台，而是跟媽媽說，中天是中國出資的電視，用媽媽可以接受的方式來溝通，媽媽瞭解後就拒看中天了。阿文認為，面對面跟家人溝通很重要，每一個人都應該出一份力，讓家人理解現在的事。

因為國民黨的國會優勢，讓原本對服貿抱持消極態度的胖胖看到希望，太陽花學運開啟重新談判、重訂條約的可能性。胖胖認為全球化經濟下，不簽協定臺灣會邊緣化，但是若要簽，應該要傷害最小、利益最大，為何非得跟中國簽不平等條約，助長中國經濟統戰呢？

阿利提到電信業的例子，臺灣與中國不再有兩邊薪水差異。胖胖說，外派中國成員的薪水不會更多。阿利說，臺灣人被派去中國，操到爆肝，操到被迫離開公司，都是明擺著的事實。胖胖認為假使服貿非簽不可，國家應該要減低傷害，政府要把關。由於審查黑箱，她必須聲援學生，坐在這裡。

阿利說，組織裡的人似乎較為缺乏國際協定或者國際貿易的人材，她很想知道，究竟國際貿易中的協定是否可以更改？究竟是透過什麼流程成立？這個部分，好像比較沒有聽到學生談。阿利也說：「學生缺少熟悉油條政客奧步的談判專家，馬江金都是把黑的說成白的的高手，擔心學生落入對方說話的圈套。」

看看時間，已經十一點半了。阿文、阿利跟胖胖互留資料，準備回家。我跟阿文一起走，阿文認為我們這個活動立意良好，所以走過來加入，本來想說十點離開，但聊開了，聽大家的故事，很有趣，就待到現在。她說，如果之後有相關活動，也可以找阿利跟胖胖幫忙。我很感謝她，因為一開始我不知道她們為什麼要留電話，可是現在我懂了，她們希望一起盡一份力。

這次的街頭小民主計劃，讓我知道不同職業的人的想法，也瞭解到奇襲行政院的不同面向。對於參與者來說，他們有知識上的疑問（如國際協議怎麼運作，國內法律流程怎麼走），也有情感的考量（不要讓家人擔心），更提到走上街頭會遇到的種種阻力（如受到同事與家人誤解）。

對我來說，這裡有學生，有上班族，有各式各樣不同職業的人參加，每個人的生命經驗不同，透過交流，可以深化理解，開拓視野。現場的人有太多故事，也有很多疑問，參與者的提問，讓我們看到群眾的關懷、擔憂與想望。因為傾聽，心貼近了，成為伙伴，成為朋友。上班族可能認為學生什麼都不懂，但是學生的衝勁與勇氣刺激了上班族站出來。因為傾聽，學生也瞭解各行各業的實際處境，試著用創意帶來改變。「街頭小民主計劃」，撥下自由民主的種籽，於自由之夏綻放。

※後記：這篇文稿寫成後，胖胖與阿利惠予修改意見，獲益良多，在此特別感謝。

[1] 會後，胖胖寄了相關報導，提到「蘇州市政府未信守承諾，對蘇州工業園區全力以赴，而利用同新加坡的聯繫，發展自己的另一個工業區蘇州新區，同時操縱土地和基礎設施的價格，使新區比園區更具競爭力」。見〈李光耀講述鮮為人知的蘇州工業園開發觸礁事件〉，http://blog.renren.com/share/121722288/14970463085。

攝影／鄧宇敦

# 二〇一四年「反服貿」抗爭中的權力、民主、與異質實踐——歷史社會學視角的初步分析

文・林傳凱（台大社會所博士生）

## 歷史的視野

本文的目的，是想從歷史社會學的視角，為發生於二〇一四年三月的「反服貿」抗爭，提供一些初步的觀察與分析。

當然，我立刻會遇到兩項難題：第一，要為一項尚未終結的抗爭寫「歷史」，本身就面臨著高度的不確定性。許多在過程中乍看不起眼的因素，也許因為機遇偶合，而可能導致意想不到的效果。第二，「歷史的軌跡」理論上存在無數的勾勒方式，選擇不同的方式，就可能導致截然不同的分析意義。對於第一項難題，我尊重社會系統的複雜性，並對未來趨勢抱持著相對「開放」的態度；作為「過程中」的觀察，將無可避免上述的風險，但也未嘗不能

對未來的分析提供一點參考價值。對於第二項難題，我則特別聲明，我想從「成員網絡」或「期望結構」兩個面向，去勾勒分析的歷史軸線。

## 二〇〇八至今的抗爭軌跡

我認為，若要理解二〇一四年三月的「反服貿」抗爭，則必須從二〇〇八年發生於陳雲林來台時的「野草莓」抗爭為開端。在二〇〇八年十一月四日至五日間，時值中國海協會會長陳雲林來台，舉行「第二次江陳會」。在此過程中，警政單位出現大量不當取締、強制等作為，遂引發抗爭。十一月六日，數百名學生集結於行政院門口抗議，並於十一月七日為警方驅離。隨後，學生自發轉向自由廣場（中正紀念堂）前靜坐，便逐漸形成近兩個月的靜坐抗爭。由於此抗爭的積極參與者，於事件結束後，形成了密集來往的運動網絡。而這群抗爭者，又成為二〇一四年「反服貿」抗爭的決策核心。因此，分析必須從這裡開始。

二〇〇八年的「野草莓」抗爭，是在偶然的歷史局勢下浮現的。於十一月七日下午為警方強勢驅離，並分別「丟包」於台大周圍地區後，學生又迅速於傍晚集結，並偶然的選定於自由廣場為再集合地點。此時，抗爭的局勢，逐漸從官署前的示威，轉變為於公共空間中的靜坐示威。而關於「抗爭」的自我定位與想像，也從此時期開始浮現，並由往日的「學運」史中尋找參照點。

對二〇〇八年抗爭中的學生來說，在當時的歷史情境下，能尋找到的「前例」，主要是一九九〇年的「野百合學運」。會選此參照的理由，一方面是發起此次抗爭的學生，於抗爭初期，就與校內的師長有過討論，而這些師長多為一九九〇年抗爭的主要參與者，也形成學生即近的「參照效果」。同時，在當時能回溯的台灣「學生抗爭」系譜上，「野百合」似乎也是最知名，也確實取得一定成果的「成功」案例。實際上，從「野草莓」與「野百合」這種同樣包含「野」、又選定以特定植物做象徵的自我命名規則，就可以看見後者參照前者的特殊關係。

但是，這種「參照」，卻不是直接的翻版。一九九〇年「野百合」抗爭後，許多其中的學運骨幹，積極轉入政界，而少部份則留在學術界發展。當時，投入政界的學運骨幹，大多投身當時的民進黨任職。二〇〇〇年總統大選，民進黨籍的陳水扁當選，形成戰後台灣第一次政黨輪替，更使得政界的「野百合世代」，紛紛轉入政府擔任要職。但是，從二〇〇〇到二〇〇八年間，陳水扁執政的正當性，卻因為貪腐等問題日益低落，便連帶造成學運世代從政者的聲望下滑，其中部分成員甚至捲入爭議性事件中。於是，對二〇〇八年廣場上的學生來說，參照「野百合」，除了自我詮釋為「精神」面的繼受外，同時也隱含著一種「負面參照」的意涵。這種「負面參照」的意思是說——學生運動，容易養成學運明星，但學運明星從政後，卻可能收割運動成果，或深深背叛了當年的理想與初衷。

因此，二〇〇八年於廣場上發生的「野草莓」抗爭，便積極的採取了特殊的權力決策模式，想要避免「學運明星」或「收割者」的出現。當時，廣場上出現了一種特殊的決策模式——「野草莓」的參與者，逐漸在廣場上搭起了四面開放的帳篷，這個帳棚，即為參與群眾的「決策中心」。在參與門檻上，當時的訴求，是所有到場的學生都可以參與討論，而且以場上學生的討論與表決，決定抗爭的策略走向。另一方面，當時的參與者，逐漸形成了一種不可違逆的「共識」——沒有任何一位運動參與者，可以對外宣稱自己是抗爭的領導者、指揮者、籌劃者，並且以「全體運動」的名義朝外發言。

「野草莓」抗爭中的權力模式，處處展露著避免重蹈「野百合」的噩夢——也就是學運明星收割、背叛運動的惡果。因此，這種看似開放、水平、權力分散的決策模式，便在廣場上近兩個月的時間中，主導了運動的主要走向。但是，這種模式的第一項缺點，便是極度的缺乏效率。漫長的討論、無效率的決策，成為了場上許多參與者的夢魘——尤其當佔據的位置，實際上是鮮能造成國家機器困擾的自由廣場時，當局一方面可以用「包容學生」的道德化自我描述來回應抗爭，一方面也使學生們陷入了遭「冷處理」的深刻焦慮。第二項缺點，則是 Jo Freeman 所指出的「無架構暴政」效應——場上看似人人皆可發言的設計，卻無法阻斷參與者本身在文化資本、社會資本、或是動員能力上的差異。於是，場上許多次的關鍵表決，都導致不同意見的參與者，於表決時刻前展開私下動員、遊說、計算，並形成各階段中參與者間的緊張關係。

二〇〇八年的「野草莓」抗爭，便在這樣的決策模式中，度過了兩個月的時間。而因為此種權力模式造成的情緒、人際衝突，也成了參與過此波抗爭者共享的歷史經驗，並或隱或現的影響了人們日後對於「抗爭模式」的想像與好惡。

在二〇〇八年到二〇一四年間，曾參與「野草莓」抗爭者，在二〇〇九年一月四日宣佈「轉進校園」後，確實成為各大專院校中許多「運動社團」或「異議社團」的新生骨幹，並循此網絡，不斷於台灣各地浮現的抗爭政治中動員、協力，更加深了這群參與者間的網路凝聚。

## 「反服貿」抗爭的浮現與權力模式

一直到二〇一四年，因為三月十七日晚間，國民黨立委張慶忠以三十秒草率宣布通過《海峽兩岸服務貿易協議》的委員會審查，導致法案與程序面的廣大爭議。此爭議發生後，於十八日晚間，先有四百名學生突破警方包圍，進入立院靜坐，進而突破警方封鎖線，佔領立法院議場。由於象徵性的空間為學生佔據，此事傳出後，一時間氣勢大振，無論是支持此行動者，或擔心裡頭學生被「甕中捉鱉」者，通過網路的訊息傳播，一時間湧入大量學生到立法院外頭聲援，並反過來包圍了包圍立法院的警力，甚至突破青島東路大門，阻斷了警方撤退的通路。雙方僵直到天亮，消息進一步傳開後，更多聲援者不斷湧入。到了三月十九日晚間，估計約有一萬五千名民眾，自四面八方湧來，包圍在立法院周圍的青島東路、濟南路等圍牆外。

這種歷史機遇下行程的三重佈局：「行政院議場中的學生——包圍立法院的周邊警力——包圍周邊警力的聲援民眾」，無形間影響了此次抗爭中的權力模式與互動關係。

我們必須先初步分析場上人群的兩種源流：（一）佔據議場的成員，主要是三月十八日就商議靜坐、乃至於佔據會場的運動網絡成員，而這些人大多歷經過二〇〇八年自由廣場上的抗爭；（二）外頭聲援的群眾，雖然也包括前述運動網絡中的另一些成員。但從三月十九日場上浮現的一萬五千人到三萬名民眾中，絕大多數的參與者，並無參與過二〇〇八年的抗爭，也沒有抗爭網絡中的人際淵源。許多人，是第一次上街頭，或是從二〇一三年八月三日「洪仲丘事件」引發的抗爭中才開始上街頭的「新鮮人」。然後，因為上述的空間結構，使得內場、外場的兩人群，從抗爭之初，就缺乏直接、頻繁的接觸機會。

我們必須注意上述差異造成的影響，這兩群人，彼此想像「運動」的方式是不大相同的

——前面一群人，至少歷經了二〇〇八年到二〇一四年間許多抗爭造就的「政治社會化」歷程，不但有著相對綿密的人際與信任網絡，且彼此對於「抗爭」的形式、劇碼、與文化，有著較為相近的觀點。後面一群人，大多沒有豐富的抗爭經歷，彼此沒有基於「抗爭」而形成的穩定人際網絡，對於如何與國家抗爭或權衡的想像，也相對溫和，較少有積極改變既存秩序的企圖。

因此，在上面這些因素偶然的匯聚下，形成了此波抗爭初期特殊的內部關係與權力模式。簡言之，抗爭現場的空間分佈，使得有經驗、相對有綿密網絡的運動發起者，高度侷限於議場內。而少有抗爭經驗、屬於新上街頭的一大群公民，則高度侷限於議場外。於兩者間、夾於「中間」的警方，雖然無能清除掉議場中的抗議學生，一開始卻對內部的訊息傳遞、內外連絡、乃至於物資運送都造成阻隔。即使在抗爭初期，有 NGO 人士以簡易的方式架設 ipad 進行轉播，但這轉播畢竟是「單向」的，而無法進行穩定、廣泛的雙向溝通。當時整個抗爭現場的情緒分布大致是這樣的：內場的人緊張警方動向，外場的人則擔心內部遭攻陷。可是兩邊的成員雖然相互期望，卻又缺乏實際的日常互動，也無法在此「互助」中建立起真實的情感、信任、認識。

逐漸的，在議場內部，形成了所謂的「決策中心」。議場內部者具有決策上的正當性，至少有幾個理由。第一，這些人，大多是三月十八日最先衝進立法院的一批抗爭者。無論其是否對後續發展有詳細規劃，在參與者的想像者，他們既是最先的發起者，也應該對事後的發展有其規劃。第二，內場有不少成員，是從二〇〇八年後的一連串抗爭中，逐漸累積社會知名度的運動者。因此，對於場上新參與抗爭的大眾，乃至於通過媒體接收訊息的閱聽人來說，這些「運動明星」的存在，使其能迅速在混亂勢態中找出「辨清」的閱讀焦點。而「運動明星」過往的抗爭資歷，與新參與者間缺乏運動網絡連結的狀況，也增加了此種權力分配的正當性。第三，對於同樣屬於廣泛的「運動網絡」，卻未進入議場的場外援助者來說，基於過去共事、或至少是風聞的「圈內口碑」，亦使得這種在混亂局勢下逐漸沉澱出的權力關係，獲得廣泛的承認與支持。

當然，從歷史的軸線來看，會迅速沉澱出【內場／外場／決策／跟隨】這樣的權力模式，還可以追溯到二〇〇八年學運經驗的路徑依賴（path dependence）效應。可以說，從「野草莓」二〇〇九年一月宣稱「轉進校園」後，雖有不少參與者，此後投入了各式各樣的抗爭，並累積了不少經驗。但如此大規模的重新匯聚於單一抗爭中，仍是自二〇〇九年一月後的第一次。而二〇〇八年場上的經驗，則成為此次沉澱權力模式時，最主要的參照經驗。如前所述，二〇〇八年場上的「噩夢」之一，就是為了避免「學運明星」出現、收割、奪權，而採取的完全扁平化的無效率決策模式。因此，在三月十八日意外傳出打下立法院消息，並振奮廣大民心後，急於穩定局勢的集體渴望下，使得即便是運動網絡中的成員，都迅速承認、默許了這樣的決策模式，並積極的配合決策中心傳出的指示，協助各項工作。

在佔據立法院的態勢逐漸穩定下來後，在廣泛「運動網絡」中未進入議會的參與者，也開始以台灣大學社會科學院的校區為基地，建立起「後勤基地」等單位。會選於此處空間，有兩項原因：第一，離立法院較近；第二、社科院主事者積極支持此運動，先後將大禮堂、國際會議中心、餐廳等空間，無條件借給學生們使用。但是，必須釐清，許多評論者常將「社科院」稱為「社科派」，並認為以台大社科院的學生為主體，是嚴重的誤解。實際上，此處的空間，擠進了大量台灣各校學生系所、社團、運動團體、乃至於工會的學生、老師。這些人大多數彼此原本就相識，並投身於不同的抗爭中，有過相互援助的經驗。因此，基於彼此的信任、且對各自能力的了解，「社科院」建立起的「後勤基地」，一開始就以作為現場的「第二線」，也就是援助「第一線」議場的論述、分析、新聞、後勤、糾察等工作為目標。

所以，至今，現場的空間可以分成三個層級

（一）議場

（二）社科院後勤中心

（三）戶外廣場（以青島東路、濟南路、中山南路為主）

在此過程中，卻隱然浮現了緊張關係。

首先，對「議場」來說，自三月十九日開始，在「戶外廣場」浮現的一萬五千至三萬名的群眾，雖然鼓舞了士氣，降低了議場不被警方攻破的危機感，卻也導致了某些不確定性——有別於昔日的抗爭中，規模較小，甚至只有數十到數百人的狀況，參與者彼此大多相識。但這一萬五千至三萬人的群眾，卻不是此社會網絡中熟識者，同時「議場」也沒有辦法迅速在「戶外廣場」之中建立起穩固的制度或組織。當然，這一方面歸因於成功佔據立法院，仍帶有些許意外的成分，而三月十八日開始的數日，「議場」的重心又不斷放在穩定內部、降低警方攻堅風險的思考上。

另一方面，對「戶外廣場」來說，大部分湧入場上的群眾，都是以支持「議場」為主要意向。但畢竟現場湧入的人潮相當龐大——甚至在我的田野訪問中，這遠超乎任何運動主事者的期望——因此這些不相識的群眾間，要怎麼樣統整出秩序，便成為「戶外廣場」內部在摸索、自然沉澱的事情。在這段時間的訪談中，大致可知，從三月十九日開始，場上就逐漸沉澱出民眾自發的秩序與分工。例如，部分民眾開始自發的擔任物資站、糾察隊、充電站的職務。我訪問青島東路充電站的成員小J時，他跟我表示：「三月十八日攻佔立法院後，大哥就前來支援。三月十九日，大家在外頭圍著，架設螢幕，需要電線。大哥是自發參與的民眾，平常修理冰箱，因此對於電路很熟，他就幫忙架設線路。當時又傳出現場受到的嚴重挑戰是沒有電源，議場內的3C產品紛紛斷線，因此他又幫忙架設充電區。結果，民眾一直來問、一直來問，就從一個箱子（的充電器），變成兩個、三個、四個……八個。我看到大哥在忙，我二十日就主動來幫忙，結果這邊就變成一個充電站了。」講完這段話，他又跟我說：「像後面的泡麵區，也是不知不覺形成。對！他就是專門煮泡麵給民眾吃的地方，我每天在這邊，也不知道這裡怎麼突然就多出一個泡麵區了。」物資站的情況也是這樣，像是其中兩個物資站，都是以同鄉青年、且均缺乏運動網絡人際關係者自發組成的。實際上，整體來說，「戶外廣場」的成員大多以保衛場內的「議場」為動機而到現場聲援，但人數龐大的情況下，其內部秩序的形成，卻幾乎都是「戶外廣場」內部自發形塑的。因此，在訪談過程中，無論「議場」或「戶外廣場」的成員經常表示：「他們就像一個一個的小世界，各有自己的規定，我們也搞不清楚，也很難掌握。」而「戶外廣場」的內部，即使是同樣功能的分工站，彼此也常有這種感覺，比方鎮江一糾察站的R就跟我說：「每個糾察站，有自己的人，有自己的做事方式。每個糾察站間不好溝通，有時候輪班，誰分到對講機，誰就覺得很倒楣，因為事情最重。」物資站的成員B也表示：「島一（站）跟島二（站）也是各自形成，有時候我們島一缺東西，用對講機問島二，島二說有，我過去的時候，島二的人又說沒有，還問我是問誰的？我說問的是X，他們說X不知道狀況，要問U才對。我說好，下次我問U，結果過一天U就不見了，又換了一個人跟我們連絡。每次都弄得頭昏腦脹……」

最後，對「社科院後勤中心」來說，情況也頗為尷尬。「社科院後勤中心」的自我定位是援助「議場」陷於議場時無法進行的工作——這在初期進出、通訊、物資都受限制的情況下，甚為重要。但實際上，就我的觀察，「議場」與「社科院後勤中心」的初期聯繫，就不是非常順利。雖然彼此多為運動網絡中的熟識者，但當「議場」形成了相對集中的權力決策核心後，「社科院後勤中心」的成員提出的意見，不見得會為「議場」的成員接受，兩者間已出現權力不對等的關係。同時，好比「社科院後勤中心」成立後，雖然在「戶外廣場」的廣場上湧入了各方民眾捐贈的大量物資，但這些物資，幾乎全數未到「社科院後勤中心」成立的後勤組。事後來看，這不見得是「議場」不願意把「戶外廣場」累積的物資交給「社科院後勤中心」管理。很可能是因為「議場」本身對於「戶外廣場」的控制能力也有限的緣故。但對於「社科院後勤中心」的成員來說，當時無法影響運動的主要走向，也沒有參與討論的管道，是當時不少成員提到的挫折感。另一方面，「社科院後勤中心」與「議場」相同，也不認識「戶外廣場」的龐大參與者，還有他們自發形成的秩序，這也使「社科院後勤中心」之中的部份成員，對於「戶外廣場」的狀況產生不確定感。

於是，在「議場」「社科院後勤中心」「戶外廣場」之間，形成了一系列交互的緊張關係：（一）首先，「議場」與「社科院後勤中心」無法控制外場的秩序形成，但外場卻迅速在十九日晚上形成了自我管束的秩序——二十日出現各種糾察線、小吃攤，而各分工組別迅速在濟南路、青島東路、鎮江街等地浮現出來。這使得「議場」、「社科院後勤中心」同樣對外場的狀況感到不安。（二）雖然「議場」決定了運動的主要訴求與走向，但運動現場的日常（everyday）層次的秩序，很大程度卻是由「戶外廣場」的成員自行形塑的。且如前所述，這些成員，多屬於第一次、或從洪仲丘事件後才開始「上街頭」的民眾，對於「運動」與其「秩序」的文化想像，與「議場」、「社科院後勤中心」等「老資格」運動參與者的想像不盡相同。因此關於「戶外廣場」的空間秩序的打造，很快成為運動初期就浮現的爭論焦點。場上的民眾，大多以能夠劃出穩定的糾察線、空間秩序、垃圾分類、甚至對警察表示善意為榮，詮釋自身為「理性而非暴民」；但「議場」、「社科院後勤中心」中不少成員，卻認為這樣的場合失去了「抗爭感」，而四處蔓延的糾察線，甚至是「法西斯美學」的體現。（三）在「社科院後勤中心」的成員，存在著特殊的焦慮感——對於「議場」的決策介入有限，對於「戶外廣場」形成的秩序不認同、又難以介入。

幾個特殊的小事件，更加深了這樣的緊張關係。

首先，在三月十八日佔據會場後的第三天，立法院議場二樓，學生意外找到了狼牙棒、電擊棒、瓦斯槍等物品。當時，學生的判斷，是二樓過於輕忽，因此為「有心人士」滲透，並惡意放置攻擊性物品栽贓。因此，當時場內開始進行對「可疑人士」的調查，並想將無法信任的成員請出議場。加上當時「白狼」的竹聯幫成員挑釁的事件與傳聞不斷，更加深這種焦慮。但是，平心而論，當時議會內部對於「可疑成員」的清掃，其判準，其實相當建立在「是否為既有人際網絡中可信任的人」的認定上。因此，這樣的過程，更加深了議會裡頭傾向由同一個「小圈圈」成員組成的傾向。

次者，是關於場上「糾察隊」作法的問題。自三月二十日後開始，後勤基地的成員，就不斷傳出對於會場上「糾察隊」作法的爭論。不少後勤中心的參與者批評，場上拉了各種封鎖線、動線、醫療通道，開始進行垃圾分類、甚至允許警察換班、還幫警察鼓掌的行為，根本就是無益於運動，並且將原本應該緊繃、充滿抗爭意識的會場「嘉年華化」或「夜市化」的行為。我在社科院時，曾經聽過好幾種對這種現象的描述：比方懷疑糾察隊是KMT或竹聯幫滲透後的結果，或半嘲諷的歸因於「1985」（洪仲丘事件形成的組織）掌握糾察隊後對「理性公民」的過度迷戀所造成的惡果，甚至直接以「納粹」或「法西斯」精神稱之。因此，於三月二十一日左右，後勤基地就傳出想要「全面替換糾察隊」的風聲，並且四處募集不滿現存糾察秩序者加入。但約於二十二日進行的「替換」，卻失敗了。當時，主導此「替換」的運動者跟我說：「最恐怖的是，問題根本不是1985，而是『1985化』，就像病毒一樣，你把這些人換掉了，可是他們奠定的規則，與他們建立的養成模式，卻沒有換掉，新補進來的人還是照 1985 那套管理秩序。」另一個歷史軌跡的弔詭是：在後勤基地反對外場「封鎖線」之類的不少成員，於二〇〇八年「野草莓」時，卻是主張拉起封鎖線，隔絕非學生參與者、或高舉政黨或民族主義旗幟入場者。關於二〇〇八年的作法，也成為這些參與者「反省」乃至於「自厭」的一段過往，這更加深了對場上秩序的厭惡投射。但二十一至二十二日間「替換失敗」的事件，更加深「社科院後勤中心」與「戶外廣場」的緊張關係、以及「社科院後勤中心」難以積極參與「議場」的決策所導致的焦慮。

## 三二三「佔領行政院」與其後果

這些因素的聚合，導致了三月二十三日攻佔行政院的行動。

關於此波抗爭的策劃，至今仍有許多尚待釐清的點。但大致上，可以確定幾個事實：（一）策劃者多為在社科院後勤基地活動者為主，議場內僅少數人知情，且未積極參與。（二）策略形成是以極少數人的「密謀」。絕大多數社科院成員、乃至於行動時被動員者，都不知道詳細計畫。（三）策劃者內部，也存在相互隱瞞、欺騙的狀態。因此，即使是較核心動員者，也不盡然知道全盤實情。（四）鼓動前往的群眾，大多基於信任「決策者」的心態前往。但絕大多數群眾，甚至到抵達行政院前，也不清楚此波行動的目標（佔領或快閃進入行政院）、還有實際的策劃者是誰。

三月二十三日的局勢發展，有著頗戲劇化的發展。傍晚，群眾開始衝入行政院，隨後登上行政院裡面的一、二樓。九點開始，從北平東路一側，開始出現快速增加的保安警察、鎮暴警察、警備車、鎮暴水車。九點四十五分到十點出頭，現場指揮系統失靈。十二點五分，北平東路開始鎮壓，並陸續往天津街、林森南路兩側清掃群眾。但前門的狀態相對平和，一直到凌晨兩點左右，前門留守現場的成員，才知曉北平東路等地慘況。兩點，失靈的指揮系統重新進場，但已無可挽回劣勢。一波波鎮壓持續清場，到天亮的六點左右，警方已全面奪回對行政院的控制權。

關於此事件的細節，有待日後進一步釐清。但這個「事件」本身，卻導致了一些重要的結構轉型（transformation）。

第一、權力關係的轉變。如前所述，如果原本廣場中的權力關係可視為「議場」-「社科院後勤中心」-「戶外廣場」的三層關係，「議場」決定了運動主論述與走向，「戶外廣場」則決定了現場的日常秩序，那麼與「議場」分享了共同人際網絡卻又無法參與核心決策、同時對現場秩序不能認同的「社科院後勤中心」，就始終處在尷尬的位置，並激化了「佔領行政院」行動的發生。那麼，當此行動導致血腥鎮壓後，就進一步使「社科院後勤中心」的處境與正當性岌岌可危。實際上，當三二三導致的鎮壓於三二四結束後，「社科院後勤基地」

便陷入了低迷氣氛。到了二十五日後，此處的事務近乎停擺，之後更接近瓦解狀態——被行動「密謀者」作為「決策中心」的國際會議中心使用權為校方收回，而大禮堂也只剩下輪班看門的學生。簡言之，「議場」-「社科院後勤中心」-「戶外廣場」的權力架構，轉變為「議場」-「戶外廣場」的關係。而被部分人稱為「社科派」（雖然其成員不一定認同此說法）的學生大量退場、潰散。

第二、運動路線的「溫和化」。佔領行政院的事件發生後，雖然 KMT 的強勢鎮壓導致民眾不滿，但佔領行政院的行動也使運動的正當性下滑。因此，在事件發生後不久，議會中的林飛帆等人，雖然事前知情，仍對行政院行動作出切割，表示並非是議場的決策中心指使。此後，對於抗爭不走「過激」路線的立場，逐漸成為「議場」內部決策圈的共識。這可以從兩個點看出端倪：首先，自三二三以後，議場不斷傳出有部分團體或學生想「衝」，也就是採取激進行動的消息，而「議場」內部則疲於解讀這些消息的真偽，並預防事態發生。次者，在三三〇的凱道大遊行結束後，一反台灣相關抗爭的常態，於預定解散的晚間七點，林飛帆等「領導者」，就宣佈就地解散，並要「留下來的人自行負起責任」。整個運動，表現出一反常態的「快速收場」。實際上，三三〇浮現的數十萬人潮，遠超乎絕大部分參與者的預期，而謹慎防止事態一發不可收拾，也成為「議場」的決策群的主要考量——雖然，極為諷刺的地方是，這場運動能夠開始，首先就是從抗爭中逐漸被詮釋為「衝」或「過激」的行動奠定基礎。

第三，在「密謀」策劃下發動的行政院抗爭，與事件過程中的許多轉折與悲慘後果，開始使「社科院後勤中心」與「戶外廣場」的許多參與者，開始對「運動」與「權力」的問題進行反思，並導致文化上的鮮明轉型。簡言之，許多抗爭者開始思考，無論從二〇〇八年學運的經驗來看、或是從基本與二〇〇八為有直接關係的近年抗爭來看，在二〇一四年三月的抗爭中，許多參與者都出現「自我工具化」的傾向。這裡的意思是說——積極承認與服從「議場」的正當性，對於「議場」乃至於「社科院後勤中心」指示的分工，幾乎抱持著不假思索、不追問其緣由與意義的態度加以服從。譬如以佔領行政院的事情來說，負責現場動員者，其實是在當天下午五點才接受指示；而動員過程中，又只告訴被動員者「十分鐘後有行動，要參與者，放下便當與背包，三、四個編隊跟我走。」我的親身見聞是——從三二四的鎮壓後，大量參與此事件，逃離現場或受鎮壓者都不斷自問：為何唯獨在這次運動中，我們即使無法參與決策、或理解決策者的決策過程、乃至於知曉確切的決策者是誰，卻會如此聽從傳來的指令，並執行這些實際上充滿風險、乃至於可能會為決策者當成可拋棄的「籌碼」或「工具」的指示？我訪問的不少當事者，都詮釋當時的情境，都把自己想像成「大機器的一根小螺絲釘」，只要「協助運轉就好，不需過問決策的過程」。甚至更敏感的自省者，開始意識到自己與 Arendt 討論惡的平庸性（the banality of evil）中納粹政體中的公務員有類似的狀態——只遵循指令，而屏除自己獨立思考的能力，不問指令的根源與善惡，單純服從與執行。自然，反服貿抗爭與種族歧視的納粹，在倫理評價上可能是天壤之別，但單就「奉旨者的身心狀態」來說，確實有相似的地方，並導致了三二四行政院之役的嚴重後果。

實際上，在運動的過程中，歷經「行政院三二四事件」後，各種關於「權力」的論述（discourses of "power"）就如雨後春筍般大量湧現。各種對於事件本身的歸因、詮釋，與對自我身心狀態的反省，特別在較有抗爭經驗者間快速浮現。而這個「轉型」，又進一步影響廣場上對於權力、民主（democracy）、公共性（publicity）的實踐與詮釋。因此，三二四的影響，不只是影響了運動內部的權力架構與核心決策者對「合宜路線」的想像，同時也影響了「戶外廣場」的整體秩序與樣貌——許多新型態的嘗試，便不斷在外場中湧現出來。

## 「後三二四」的「權力」與「民主」實驗

歷經三二四的強勢鎮壓後，輿論譁然。首先，面對抗爭中暴力化程度低弱，多以靜坐表達抗爭的人民，KMT 政府竟然出動保警、鎮暴警察、霹靂小組、鎮暴水車進行鎮壓，並造成多名民眾受傷，其手段正當性廣受質疑。另一方面，許多動員參與抗爭的參與者，卻也對「佔領行政院」過程中的諸多疑點，表示質疑：受動員者無法確認誰是發起者？計畫為何？為何指揮系統失靈？現場失去指揮？受到鎮壓後，亦沒有人出面說明、接應、協助善後？諸如此類的問題，亦同時使參與者對所謂「決策者」的正當性感到質疑。

如前所述，這使得關於「抗爭」與「權力」的思考與論述，急速在「後三二四」的廣場上迅速浮現出來。必須強調，會提出這些論述者，通常不是廣場上「第一次參與抗爭」或「資淺的抗爭者」。這些抗爭者，通常對於三二四的鎮壓，傾向於單純歸因於 KMT 政府的處置失當、橫橫殘暴。反之，會對抗爭的「權力」問題進行反思者，通常是具有一定運動參與經驗、且多少與「議場」的決策者，或「社科院後勤中心」的密謀者具有或強或弱的網絡連結者所提出。何故？一方面，較具有抗爭經驗者，必然會對三二三晚間指揮系統失靈、且現場突然找不到動員群眾入場的幹部的問題感到疑惑。同時，人際網絡的聯繫，又會使三二三當晚發生於「社科院後勤中心」的一些內部狀況所有耳聞。自然，此事屬於「密謀」，因此「決策」的全貌，不可能短時間為外人全面了解。但是部分環節的資訊流出，加上各種揣測，使得對「三二三真相」的流言蜚語四處流傳，加深了這些參與者對「行政院行動」的複雜反思——既面對國家，也面對運動內部的權力關係。

在三二四過後的兩、三天，我聽到不少參與者，對三二三當天自我的身心狀態進行反省。H 對我說：「這次動員中，我竟然毫不懷疑相信指揮者說的話，不問要幹什麼、也不問是誰下的指令，我就去做了。」另一位D則說：「我發現自己前幾天很奇怪，好像對於指令有什麼疑惑，我完全不問，也避免去細想，好像深怕自己多慮，就會破壞了運動的大局。」一位F則說：「這次有一種奇怪的分工，好像議場裡決策圈的人是頭腦，然後我們是手、腳、其他器官。我們不需要思考，我自己也拒絕思考，就是照他們的指示，說東就東，說西就西。」

我與另一位於二〇〇八年就在自由廣場上的參與者K聊到時，他則感嘆：「這與『野草莓』真的很不一樣，當時每個人都一堆意見，誰也不服誰，而且極力避免有『領導人』或『決策圈』的出現。這次不一樣，大家好像對那個自然而然形成的『決策圈』沒有意見，說什麼就是什麼，也不問是誰做的決定，對於『運動明星』也沒有那麼反感了。我們真的是二〇〇八年在廣場上的同一批人嗎？」我也同意類似的疑惑與觀察——二〇一四年學運的核心骨幹，大多是二〇〇八年抗爭中浮現的同一批抗爭者。但兩次抗爭中，權力分布的模式大為不同，二〇〇八年為去中心化的扁平決策模式，二〇一四年則為垂直狀的「類民主集中制」模式。何故？一種可能的解釋是：二〇〇八年廣場上的決策無效率、拖延了兩個月且為官方「冷處理」的窘境，成了同一批參與者共同經歷的惡夢。而二〇一四年新浮現的抗爭契機，偶然的構成了對執政者的嚴重挑戰，使集體都寄望於此役。進而，基於過去的失敗經驗，便集體、有意無意的默許了也許更能促成「效率」的另一種決策形式，也就是「議場」決定一切的組織型態。

但這種型態，卻造成了意想不到的後果。雖然，三二三的行動，並不能說是「議場」策劃，雖然其中幾位核心幹部事先知情、列席過會議。但是，主要策劃者仍是在「社科院後勤中心」之中的極少數人。他們在起事前，多以秘密會議、或在社科院一角圍成小圈圈的方式討論。一直到執行過程中，也未曾將此具有高度風險的計畫告知其他動員、參與者。三二四事後，除了「議場」發表過切割意味濃厚的聲明外，「社科院後勤中心」裡頭的極少數密謀者，幾乎都銷聲匿跡，未做任何說明。此時，雖然有對此事感到疑惑者，想要追問真相。但是，一方面基於自身對「顧全大局」的考量，深怕此事造成抗爭能量的挫抑，一方面也是輿論迅速流傳出「大局為重」、「團結」、「兄弟不要清算兄弟」等壓力，更抑制了此事變成運動內部公共討論的可能性。

因此，「後三二四」的階段，部分較有運動參與經驗的行動者，便在對抗爭內部權力狀況懷抱不滿，卻又無法公開討論的氛圍下，做出了各種反應。有些行動者選擇退出運動，自稱「治療運動傷害」。有些行動者，則開始在廣場上摸索新的實踐方案。這些實踐方案，一方面針對國家－社會中的權力關係，一方面卻也對於運動內部的權力關係作思考。相伴隨者，則是大量關於「權力」的論述與構思。

在此，我想針對其中三個有趣的「自發」實踐進行討論。自然，在「後三二四」的廣場上，出現了此起彼落的各種活動，並紛紛以「民主」與「權力」問題為其關鍵字眼。但是，其中部分活動，仍與「議場」具有一定程度的聯繫：譬如「公民審議會議」，此會議先在廣場上舉行，隨後又擴大轉進議會裡頭舉行。這樣的嘗試，自然與對「民主」的不同想像有關，亦深具意義。但是，基於本文的目的在討論廣場上「自發」的各種實踐，故不將其納入討論。理由有二：第一，這些嘗試多由議場內的幹部委辦，非純粹的「自發」；第二，作為一種民主實踐，試圖改變場上民眾除靜坐、聽講、聽音樂外的其他實踐管道。弔詭的是，雖受權力核心委託，但審議後的結論，卻又與權力核心的決策沒有直接關係。由於缺乏制度面的擔保，「審議結論」至多作為核心決策者考察時的「參考」，卻不必然有實質影響力。因此，本文不擬討論「公民審議會議」，將留待另文分析。

在此，本文想討論廣場上出現的四種有趣實踐，分別是：一、廣場論壇；二、賤民解放區；三、大腸花論壇；四、廣場小對話。我將介紹其形成過程、形式，並分析其貢獻與缺憾。進而，我再討論這些實踐，對於決策核心產生的影響。

## 廣場論壇

在各種另類「民主」中，由「人民民主陣線」舉辦的「街頭議會開講」，可能是最早的嘗試。實際上，早在「占領行政院」之前的三月二十日開始，該組織中有經驗的運動者，就發覺廣場上的民眾大多只能坐著聽舞台上的演講、音樂，卻缺乏積極發聲、相互討論的可能性。因此從三月二十日起，「民陣」於青島東路十號前，每日固定舉行「街頭議會開講」的活動。其形式，首先是邀請與服貿議題相關的專家學者到場，站在與聽眾同樣高度的平台（而非舞台），以小型麥克風，向路過民眾介紹自己了解的議題與見解。同時，該活動積極鼓勵民眾在講者分享過程中，提出自己的疑問與看法。在少數情況下，「民陣」更積極鼓勵聽眾輪番上台「開講」、分享自己的參與心得、看法，感受。「民陣」在現場打出的口號為「直接民主」，而其對「民主」的定義是，每個公民都應該是學會自己思考、發聲、爭取權益的政治主體。

雖然，同樣於每日設定了講者、主題，但與「議場」在青島東路、濟南路上舉辦的演講，有鮮明的差異。就空間上來說，兩者的差距甚為鮮明。「議場」於兩條路上除了架設舞台，青島東路更沿線架設了數組喇叭。因此，就現場的空間感受來說，無論身在青島東路的前後段，都可以明顯聽到主辦單位所邀請的講者的發言。這些講者，包括專家學者、NGO成員、老資歷的運動者、音樂創作者等等。就空間所形塑出的互動型態來說，現場中的民眾，大多是單向的「聽」。能發聲的機會，幾乎只集中在呼口號、哼歌、拍手，還有主辦單位偶爾安排的「心得分享」。但當民眾上了舞台，發表心得時，其位置，又迅速落入「單向講者」的位置。實際上，有品質且人人都有機會的溝通，在這種空間中很難實現。相反，「民陣」舉辦的「街頭議會開講」，卻因為參與人數有限，且講者與聽眾站在同一高度，且有意識的將麥克風隨時遞給有表達意願的群眾。因此，相對來說，講者與民眾彼此間交互發聲，形成互動的機會更高。就主觀的參與經驗來說，一位民眾告訴我：「聽主辦單位的演講，好像是『上課』一樣，老師講，我在台下聽，有疑問也不知道要怎麼提出，說不定我問的問題很好笑。在「街頭演講」（按：指「街頭議會開講」），講者很多元，而且感覺比較有親和力，也會主動問我們有沒有問題。我到這邊，就比較敢拿麥克風講我的想法，我其實有很多話想說，有自己的感想也有疑問，在這邊的討論，比較有互動，讓我很有收穫。」

實際上，這個互動過程，深刻的影響了參與者如何成為一個「政治化」公民的經驗。捨棄了較為「上對下」的宣講模式，其理念傳播過程中，可以讓聽眾較有參與者、甚至從中發表自己的想法，並拓展己身對於「政治參與」可能範圍的想像。在台灣的政治參與型態中，一般市民鮮少有這種機會，面對各議題的專家，卻又可以坦然表達自己的看法。像是四月一日的「An Open Mic：人民國會大聲公，開講接龍囉」中，更進一步開放麥克風，讓各行各業者（不限於學生）輪流到台上，對主辦單位設定的議題發表感想，輪番上台，故以「接龍」稱之。

嚴格來說，「街頭議會開講」，始終比較偏向「群眾宣傳」的性質。這裡存在兩種隱然的權力不均勢關係：（一）對於講題、講者的設定，仍是由「民陣」的成員擬定，也在無形中框架了「什麼是不／值得聽、討論的議題」的認知框架。現場選定的議題，有些與服貿相關，卻也不限於此，其背後的意圖，更像是將各項進步議題推展到群眾認知中。（二）現場採取了使麥克風更平均分散於講者與聽眾手中的模式。但「開講」過程仍多少帶有「教學」或「宣傳」的意涵，由於議題的選定常搭配熟悉此議題的講者，因此在討論過程中，對議題的熟悉程度、知識量、論述能力、及發言位置的「正當性」，仍隱含著潛在的不平等關係。此處的「不平等」，不能直接視為壓迫。但說到底，其互動型態，仍像是講者以較為友善的方式，向民眾細緻的傳達、溝通、宣傳認定值得推廣的理念，並通過問答討論，使民眾能對議題有更深入的認識。

## 賤民解放區

賤民解放區，則是在「三二四」後才出現的新形式。其形成，是由在「占領行政院」一晚中，當主事者將大部份工作人員於晚上九點半到十點出頭撤離現場、而十二點五分北平東路開始鎮壓後，還留在場上的人群所組成。但這些人群，亦非第一次參與抗爭的初心者，其中許多人，是其他抗爭中的運動與組織者。得知真相後，這些運動者，根據過往的經驗，敏銳的將問題核心指向當晚行動策劃者的「密投」或「黑箱」型態，並意識到運動極度不均的權力關係，也就是「決策圈」主導一切，卻無須向受動員者或群眾交代一切的狀態。同時，反省的焦點，也轉向自身，其中有一些參與者對我說，於「三二四」後，才發覺到自己先前一直抱持著「自我工具化」的傾向，基於對「效率」的嚮往，因此完全擱置了對前述權力模式的反思與質問，完全視其為合理，並順從的遵循其指示。

於是，在濟南路、中山南路口的公廁門，首先就聚集了一個小團體，並自稱為「賤民」。一開始，「賤民」的自稱，必須放在抗爭現場的脈絡（context）來理解。這個自我描述，既是自嘲，也是譴責，意味在此的人們，都是為此場運動內部的權力關係或決策模式「排除在外」的邊緣人，由此為之「賤」，並將此處空間命名為「賤民解放區」。而「解放」的意涵，也同樣必須由此脈絡中加以理解。由於權力關係的排除，因此身為運動者，無論是想法、路線、乃在此過程中累積的情感與傷害，常無處可說。現在，將「賤民」集中於此，可以通過相互嘲諷、幹譙、分享、討論、歌唱、抽菸飲酒，而逐漸形成一種共感、慰藉的網絡。

隨著「三二四」之後，越來越多場上民眾感到不滿，「賤民解放區」這個充滿自嘲意味的空間，也聚集越來越多人。於是，場上原本並非很制度化的相互討論，逐漸也朝向公共性（publicity）介入的計畫。「賤民解放區」開始成立臉書網頁，並同樣以「直接民主」訴求，希望召喚更多現場民眾參與討論，並定名為「解放論壇」。但與「民陣」的「街頭議會開講」不同，發起人或群眾可以提出想討論的議題，然後由在場參與者共同投票，決定今晚的主題。因此，主題並非由主辦單位「單方面」的設定。另一項不同處，則是要求參與者投了票後，就必須對決定好的題目負責，全程參與討論。同時，在討論過程中，首先要求參與者間必須完全尊重他人的發言，同時必須負責任的聆聽，並且「聚焦」的回應先前參與者提出的討論。通過這樣的方式，「賤民討論區」展開了另一種形式的「直接民主」，有別於「街頭議會開講」中參與者具有較高的流動性，主辦單位相對開放了對議題設定的決策過程，卻同時限縮了論說的可能形式。藉此，能較為相對深入的討論議場中決策者較少深化的議題——包括階級、中國因素或民族主義、全球化等主題。

但進行到這個階段後，「賤民解放區」出現了另一個難題。實際上，我曾經於幾個晚上，聽著「賤民解放區」中的交互討論，並發覺幾個現象：一、發聲者固然有一般群眾、中小企業員工、或各式各樣的社會成員，但上場發言者，也有許多學術或運動網絡中的熟面孔。縱使整個會場中，曾有高達三萬人左右的群眾聚集於青島東路、濟南路，但嚴格來說，在現場能夠積極發聲者，仍相對集中於學術與運動網絡中的成員。二、其論說的形式，相對來說，更要求清晰的邏輯，並且能準確的聆聽對方發言，方能「聚焦」的回應。這種論說型態，實際上只是人們溝通行動中的其中一個類型。且相對來說，受過一定教育水平者，較可能善用此形式作表達、溝通。三、內容上，我在討論「中國因素」的晚上，聽到了大量諸如左派、右派、全球資本、壟斷資本、一國之內的革命、民族革命、世界主義等等的名詞，還有相對綿密、專業化的論述。雖然現場的設計，強調「人人都有發言權」，卻無法阻斷參與者原本在智識、議題熟識程度上既存的不平等。而強調「聚焦的發言與回應」，更加深了此種差距。倘若發言者中，有一特別熟悉此議題、且用相對複雜的形態論證其主張者，在廣大的人群中，能熟悉其使用概念、論證形式、知識脈絡者，經常僅侷限於少部分亦曾投入相關議題思考的群眾中。這構成一種隱形門檻，更進而使得場上的對話，有時顯得過於菁英、專業、學院化。無怪乎，從「賤民解放區」舉辦「解放論壇」後，有些參與者指出，實際上這裡的參與者一點也不「賤」，其立場雖然多為希望與「賤民」站在一起的左派，實際上卻非「賤民」，而是掌握了一定論述與知識水平的菁英。而許多場上的爭論，反而更像是平常「運動圈」或「知識圈」中不同派別者面對面交鋒的展演。

但也必須說，這並非「賤民解放區」的全部。首先，比起議場中的決策者，「賤民解放區」的成員，對於相關的觀察或批判，更迅速的進行了反省。對於參與者或對話內容的「賤」與「不賤」，都引起了有意識的反思。另一方面，「賤民解放區」也非全然建立在「對話」的形式上。相反，在「解放論壇」的現場，也許對於互動形式，高度建立在理性對話的預設上。

但同時，在其他時刻，「賤民解放區」的成員也進行著非正式的嘲諷、批判、笑鬧、抒發情緒、乃至於打起排球等活動。我想，比較公允的評價是——在走向「公眾」的目標上，該區成員盡可能將互動形式限縮於開放參與機會、並強調理性論說的形態上；但在不那麼走向「公眾」的部分上，卻充滿著各種情緒感想、與非理性論說的互動。只不過前者試圖朝向「廣場上的所有人」，而後者則相對集中於「運動圈」或「知識圈」網絡中已有聯繫、且同樣不滿於運動內部權力關係的參與者間。

但更特別的是，於四月九日晚上，「賤民解放區」串聯了「人民民主陣線」的成員們，舉行了一項特別的遊行活動。從「賤民解放區」出發，一路繞行濟南路、林森南路、青島東路。途中，原本為許多參與者「詬病」而管制嚴格的糾察隊，在遊行隊伍喊著「相信人民、相信群眾」的口號下，帶些意外的讓出通道。待隊伍進到青島東路立法院廣場前，開始高喊「解放二樓奴工！」的口號。接著，立法院二樓的工作人員也從窗戶爬出來，高舉「二樓奴工」布條。此舉深具意義。首先，遊行隊伍帶著各種戲謔性的元素，比方做了一隻象徵馬英九的巨大水母，沿街摸群眾的頭；比方有成員帶著「警告違法集會」標語，模仿中正一分局局長方仰寧說話；比方模仿現場糾察隊喊著「讓出滑板通道（原本是醫療通道）」，然後有幾個人滑板而過。這些，既給在現場受苦或抑鬱於權力高度集中的一般參與民眾笑鬧、抒發的管道，也是對現場權力模式的嚴厲批判。而「解放二樓奴工」的口號，更是挑戰議場內部亦存在的不平等關係。正如四月七日「學運領袖」宣佈撤出議場後，陳為廷曾於晚間十一點到青島東路、濟南路「公開道歉」時承認，現場的決策，確實高度集中於少數人身上。首先是五至七人，到四月七日宣布解散時，也才集中於三十人左右。即使不說場上曾經高達二萬至三萬人的群眾，在議場中，權力也只集中於一樓會場的少數人身上。而二樓的成員，即使也在議場裡頭，卻只能遵循承擔「分配後」的雜工，而無法參與討論。在遊行隊伍中，不斷有人喊出「自我解放」的口號，這即使對現場許多參與者不斷說服「自我工具化」，或被決策圈給「他人工具化」的一項反省。等遊行隊伍回到「賤民解放區」後，則舉辦了電音 party，藉由舞動身體，進行另一種對自我壓抑的解放。

可以這樣說，「賤民解放區」，其實是一項非常特殊而有趣的嘗試。在多元的運動型態上，一端是使用各種幹譙、情感分享、還有充滿創意的符碼，去解放在運動過程中，因為不均等權力關係或「黑箱決策」而導致「情感傷害」的參與者彼此支持、抒發的場合。但另一端，尤其在「解放論壇」上，卻又高度集中於理性論說、理性互動、且無法抑制知識或論述面既存不平等的狀態。但總體來說，「賤民解放區」的成員，相較於「決策圈」，更願意面對現場與網路上的各種批評、而加以反省。作為一個在台灣社會晚近罕見的大規模抗爭場合的新嘗試，「賤民解放區」有著豐沛而特殊的能量，且以其雜蹂的方式，挑戰了現場關於「權力」、「民主」的認知與論述，值得期待。

## 大腸花論壇

大腸花論壇，則是在四月八日晚間，也就是「學運領袖」於四月七日宣布撤出立院後一晚，才出現的新嘗試。第一晚於濟南路舉行，第二晚則轉到中山南路「公督盟」長期租用的立法院大門舉行。

有別於「街頭議會開講」與「解放論壇」，「大腸花論壇」，其實是一種截然不同的型態。從名稱的「大腸花」，戲謔的調侃了在媒體上不斷打造為光明、純潔、清新形象的抗爭象徵「太陽花」就可以知道，這個論壇，某方面帶著對既有權力模式、象徵的反諷。更有趣的是，在這個論壇中，不只嘗試顛覆了抗爭的權力分布與其象徵，並且在「表達」的形式上，採取了不同的行動或互動類型模式。在前兩個「論壇」上，不論是請專業講者分享，再交給民眾提問；或是由參與者自決主題，然後要求理性論述、聆聽，而且「對焦」的對話。前面兩個論壇，大多根植於一種 Habermas 所說「溝通理性（communicative reason）」的基礎上，並隱然構成了一種表態型態與表述能力上的門檻。

但相反，這個「大腸花論壇」，一開始就是以「幹譙（台語的開罵、洩憤、情緒發洩）」為基調。由於四月七日「學運領袖」宣布「撤退」，導致場上各種質疑聲漸起，包括如何決策？為何只要求「群眾」尊重決定？這個決定是否合理？接下來該怎麼做？想繼續留下來抗爭者該如何自處？……諸如此類的問題，迫使四月七日晚上，「學運領袖」除了發表公開聲明，還在四月七日至八日，於深夜到會場各地向滯留的民眾「道歉」、「溝通」。但直到抗爭的尾聲，才願意出來面對群眾並嘗試溝通，不見得能讓所有廣場群眾接受。另一方面，議會內部的權力不平等關係，也同樣使議場內部「非決策圈」的參與者心生怨氣。因此，這場「論壇」的要旨不在「說理」或「辯論」，而是「情緒發洩的論說」。這種論說，無論在「街頭議會開講」與「解放論壇」，都被排除在外，卻成為「大腸花論壇」的主軸。

從四月八日到四月九日，大腸花通過現場發言與網路轉播，迅速引發現場熱潮。其進行形式如下：有一到兩名主持人負責串場，然後想發言的民眾，以call-in方式（第一天）或現場排隊上台（第二天）的方式，向在場民眾上台發表自己的感受。演說時，在語言形式上，不但充斥各種髒話等一般「理性論說」中視為「不理性」或「情緒化」的禁忌修辭；在語言內容上，也出現各種對國家機器、反對抗爭者、以及——會場權力關係的挑釁、批評、與強烈抱怨。比方，第二天的晚上，就有議場新聞組成員「爆料」，指出早在王金平進入會場前，即四月七日前十天，議場的「決策圈」就已經決定撤退，只不過藉王金平探視的理由找到下台台階。又像是有「糾察隊」成員上台「幹聲連連」，表示自己被在場許多人討厭，先跪下，然後講自己在行政院當晚被警察打，結果被民眾幹、被警察幹、還被立委幹，自己「幹」到極點。之後話鋒一轉，說自己即使是「工作人員」，關於四月七日宣布撤出議場的消息，還是從民眾口中轉述才知道，自己覺得非常不是滋味。甚至，有議場中的人指出，外界視為學運領袖的「廷帆」，其實只是被議場中其他人架空的象徵，很多決定不是他們做的。無論其內容真偽，最重要的是——在這場宛若「情緒嘉年華」的現場，讓許多受壓抑者，紛紛用最能直接表達情緒感受的表述形式——而非「溝通理性」——去疏發抗爭過程中因權力關係造成的不滿。

當然，「大腸花論壇」的形式，也引起了一些質問。其中特別有意義者，可分為兩點：第一，這些語言形式，很大程度上，都極度偏狹的集中在「幹」或「幹你娘」之類的用詞上。為何在台灣社會中——即使是試圖挑戰體制的現場——對於憤怒情緒的表述語言與想像，竟是如此狹隘？並隱含了特定的性別權力關係與「性行動」的認知或評價？第二，也是更具意義的一點——為何要到「決策圈」已經做出撤退的決議後，才形成各種論壇？而不是在決策過程間，就對這種權力不均的狀態提出質問與挑戰？這會不會只是「悲劇之後」的補償或療傷？對改善運動本身的權力不均等卻毫無助益？

無論如何，「大腸花論壇」在近年的台灣抗爭政治史中，是一項極為特殊的嘗試。最特殊者，是其積極納入了在一般的「民主」行動中拒斥的實踐類型，並構成受權力壓迫者集體療癒式的「嘉年華」現場。但情緒解放過後，是將對「權力」的不滿就此化解？還是成為更激化質問與挑戰的轉塑？就有待進一步觀察。

## 廣場小對話

最後，則是於三月二十六日開始於廣場各地舉行的廣場小對話。此活動的形成，也是由一群在「行政院鎮壓」後深感不滿的學生發起，在反省了導致三二四慘劇的幾項因素——集中制決策、密謀文化、與群眾的「自我工具化」後，便開始於每日七點至八點在濟南路、林森南路口的公廁旁集合，展開一種新型態的嘗試。

與前面幾項實驗，都多少命名「論壇」的狀況不同，「廣場小對話」的用意，並非是對特定議題集中討論。反之，是以串聯廣場上的人群關係為目標。其基本構想是這樣的：在台北市的都市空間中，有大量的人群，但因為Simmel所描畫當代都市生活導致的社會心理狀態，陌生人間鮮少交談、互動，遑論建立關係。但從這次抗爭的第二天開始，廣場上就開始出現了數以萬計的支持者。這些支持者，絕大多數不同於先前的抗爭現場，並非由「運動社團」或「運動網絡」直接、間接動員出來。反之，這些參與者的組成極為複雜，包括不同世代、不同地域、還有非學生的各種職業者、乃至於通常被斥為「邊緣人」的流氓、遊民、精神病患者等等。

因此，「廣場小對話」的目標，是希望在這些缺乏「橫向連結」的人群間，建立起新的關連。在比較宏觀的層次上，是希望通過豐富民眾的橫向連結，構築或拓展新的社會網絡，以加強「社會面」的力量——而此是制衡國家權力過度擴張的關鍵之一。在比較日常的層次上，也是對自身狀態的反省。此處的意思是，通過「對話」，使雙方成為「互照之鏡」，藉由認識「他人」的各種狀態，也反過來省思自身認知的偏頗與狹隘。具體的作法，則是在每日傍晚七點至八點集合後，先由召集人說明基本的理念，然後讓參與者分散進人群中，各自尋找陌生的參與者攀談、聆聽、交換經驗。若狀況允許，則留下彼此的聯絡方式，做為抗爭結束後進一步互動的管道。等到晚上九點半到十點間，參與者再集合回原地點，交換今日彼此的見聞與反思，並邀請認識的新朋友也加入討論。

比較特別的是——在互動形式上，「廣場小對話」採取較為開放的形式，除了「街頭議會開講」與「解放論壇」依循的溝通理性外，也納入了「大腸花論壇」那種以情緒抒發為導向的表述形式。但其中，除了「說理」與「情感抒發」外，更重要的表述型態，也許是說故事（story-telling），也就是通過敘事（narrative）而相互共感的過程。會採取這樣的態度，是因為參與者發覺到，如果強調「溝通理性」為唯一互動形式，會造成隱然的排擠效果，比方參與者智識或文化資本的差別，都很可能構成「建立關係」的隱然障礙。而且，在廣場的實際穿梭過程中，許多參與者都遭遇到主流認定的「溝通障礙者」——比方不斷訴說同一個故事宛若「鬼打牆」的自言自語者、比方不善言詞只能掛著牌子在胸前的靜默者、比方講話支離破碎且內容「離奇」的多話者……對「廣場小對話」的成員來說，最尖銳的問題是——該不該接受這樣的互動模式？是接受？或排除？所謂「民主」的意涵，是不是該以包含多樣的表述方式為前提？若是這樣，互動該如何進行？在這個試驗中，參與者們暫時接受這樣的設想——通過聆聽，包括對論說、情緒、敘事的同時納入，多少能促使彼此的理解。即使「內容」本身支離難解，但通過面對面的互動，依舊可能促成一些「非語言」的理解，而轉變彼此原本疏離的關係。

實際上，對參與者來說，這是一個持續改寫自我認知狀態的過程。若借 Bourdieu 的話來說，對於「社會位置」距離較遠者，通常參與者的前意識較不願意與其交談，也不知如何交談——即使知道對方毫無惡意。像是在場地的邊緣，其實有不少幫派背景者，因看不慣三二四行政院的血腥鎮壓，加上「白狼」不斷宣稱挑釁，因此自發保護學生，並擔任起「糾察隊」職務。即使如此，對以學生為主的參與者來說，一開始要自然攀談，其實還是頗為困難的事情。或是，同樣名為「學生」的集合體中，若不是通過這種「田野式」的接觸，也很難發現許多技職體系、科技大學、乃至於私立名校的學生，會認為「自己本身沒有資格參與學運核心決策」，因為「自己比較笨」、「頭殼不好」、「不是名校」。這些自我設限的參與障礙，確實得通過這些接觸，方能理解。同時，也唯有在互動中，可以逐漸使得沉默者漸漸說話、並相信自己有開放言述，並以「靜坐」以外的其他形式參與抗爭的可能性。

通過對話、聆聽，逐漸在原本缺乏社會連結的參與者間建立「關係」後，「廣場小對話」的成員，希望將這些網絡，進一步延伸到抗爭結束後。一方面，「廣場小對話」的參與者，不斷鼓勵廣場上新相識者自行記述自己的參與經驗，或以口述方式留下紀錄。同時，也鼓勵大家以詩、歌、畫、小說、民族誌、乃至於身體語言（戲劇）等，幫自己的參與經驗留下紀錄。其基本設想是——通過書寫或自我確認，可以將原本紛雜與難消化的抗爭參與經驗，重新定位其對於自身的意義。而對於培養更多「政治參與公民」來說，這件事格外重要。另一方面，「廣場小計畫」成員也期望在諸如技職學校、中小學教師、水電工、角頭間，建立起某種持續對話與分享的網絡。其基本理念是——網絡不能只侷限於「同質性」參與者的小圈圈。相反，必須跨越不同社會位置，才能對深化民主有所助益。

平心而論，「廣場小計畫」是通過現場偶然形成的「異質空間（heterotopias）」，進行參與者橫向連結的一種嘗試。其基本理念，是對此抗爭中過於極端的「垂直權力關係」，與基層參與者間缺乏橫向連結的狀態感到不滿。同時，通過連結基層參與者，希望可以改變主觀面的認知，與客觀上的網絡匱乏。藉此，期望關於「抗爭」與「權力」或「民主」的新想像，可以從中浮現。而原本為較具抗爭經驗者詬病的糾察線、小吃攤販所構築的「秩序化」空間，其實處處充滿著 de Certeau 所謂「日常戰術」施展的空間。人們在此的互動，並不只是單向受空間型態與秩序決定。相反，新的實踐總是可能從中浮現，而廣場上由新一代參與者自我構築的日常秩序，其實提供了建立橫向連結的有利條件。但是，「廣場小計畫」由於擱置對於抗爭議題本身的聚焦討論，因此在短時段間，對於深化認識與討論，並無必然助益，同時未能在異質的參與者間建立「共識」。簡言之，此種實驗中，重視的首先是「新關係的形塑」，而實質議題的討論則相對次要。

## 結論

本文，作為一項「即近於田野」中誕生的書寫，仍試圖從歷史的視角，指出從二〇〇八年「野草莓」學運至今的軌跡，如何形塑二〇一四年三月「反服貿」抗爭的當前樣貌。同時，通過對「權力關係」作集中考察的旨趣，我想指出由同一批參與者發起的兩波抗爭，為何在權力形態上，會有因「路徑依賴」而導致的鮮明差距。昔日對於水平權力關係導致「無效率」的恐懼，與基於運動者網絡中對資歷、人格的信任，而逐步導致二〇一四年廣場上權力高度集中於少數「決策圈」的演變過程。

而三月二十三至二十四日，「攻佔行政院」行動與其導致的血腥鎮壓，成為了抗爭中重要的關鍵「事件」。許多基層參與者開始反省，倘若上述的權力關係，是國家機器與暴力外導致此悲劇的另一原因，為何在此事件前，絕大多數參與者會如此馴服於這樣的權力模式？其中，較有抗爭經驗者，於三二四前後，形成了各種不同的新型態實踐。這些實踐，一方面提出了各種關於「權力」或「民主」的論述，並對既有的權力關係進行象徵性或實質的挑釁。同時，也希望藉由這些「實踐」，提供了廣場上的「抗爭初心者」不同政治實踐經驗的可能。這些型態，各具有其長處與侷限。但放在台灣近年來的抗爭政治史來看，卻都饒富新意，也帶來了各自的潛能，與尚不能全面評估的影響。

平心而論，近年台灣社會的抗爭中，出現越來越多先前未有的現象——包括一大批並非由運動團體或網絡直接動員下，參與抗爭的「初心者」。在二〇一四年的反服貿抗爭中，包括廣場上大批湧入的群眾、由群眾自行打造的「日常秩序」、還有因此與舊運動網絡者構成的「緊張關係」，都是晚近浮現的新現象，亦構成了新的問題。而這些新的問題，使得在時間之流中的各色參與者——包括核心決策者、中層幹部、基層民眾——都不斷在不確定性中摸索，並勾勒許多新的實踐圖像。因此，對二〇一四年反服貿抗爭的觀察，本文只提供一個初步的觀察與分析。許多謎題，則留待日後作進一步的討論與反思。

# 設計與文化參與——日常生活的革命

攝影／蔡博宇

# 魯蛇的革命喜劇

文・許赫

台上的英雄
有英雄的戲
台下的我們
有我們的戲

我的戲
是坐在一起
或者也晃來晃去
我的戲

是拍手叫好
或者大聲回應

我的戲是聊天虧妹
到附近商店買東西振興經濟
臉書上貼最新訊息
或者來兩局 candy crush

我的戲是
熱的時候流汗
冷的時候發抖
還有氣的時候罵髒話

我的戲是
那天千分之一

今天三千分之一
明天萬分之一
然後三十萬分之一
然後百萬分之一
然後千萬分之一

攝影／鄧宇敦

# 民主動物國

文・沈嘉悅（詩的企劃人）

我在街頭運動，我希望可以在街頭運動。路上有很多人跑來跑去，像一隻自由自在的狗，也像貓。深夜的時候，有人蜷縮於黑色的騎樓。在白天，有人用鼻子聞，跟在喜歡或熟悉的味道後面，大聲的吠。有的比較先進，以為自己不是貓也不是狗，會使用工具製造聲音，讓畜牲拍手。也有的自以為比較先進，善用道具嚇嚇貓狗，但比他們笨，因為很快就被野生動物包圍，不得不屈服於大自然的力量。這些人，都有自己的理性，也對於民主有些不同的看法。

我在街頭運動，曾遇過兇猛的野獸。鴿子在身邊徘徊，潔白的羽毛、瘦小的身軀讓人無法想像，他們有時比鷹還要殘忍。例如，當他們全副武裝、準備獵食的樣子。這個時候，就連逆風高飛的雄鷹也無法倖免。鴿子普遍認為，自己是正義的化身，流浪貓狗的問題會影響藍天，為了維護純淨而自然的藍色，不惜痛下殺手、宰貓宰狗。有的狗，比起當狗，更想當一隻純粹的鴿子，因為他們同樣更愛藍天，不愛綠地。這些狗自然不會被修理，慢慢的以為自己比狗還兇，變成狼。遺憾的是，當狼回到狗群時，又會被狗修理。對他們來說，藍色是最好的顏色，是老祖宗傳承下來的驕傲，是不容抵毀的中心思想。若有任何動物膽敢挑戰，就是踩到他們的底線，狼群將不惜一切代價夥同愛好自然的戰友，例如他們的馬老大、豬同志，誓死維護世界和平。

我在街頭運動，多數時候是一隻貓。無聲無息地到處流動，找尋好吃的魚。在街上，為了補充流失的體力，許多善心人士發放美食，就連挑嘴的羊駝都說棒。為了認識不同的「民主」，有時候，我會變成狗，對著黑色的天空狂吠；或變成愛鴿人，摸摸鴿子的頭。上街運動的人越來越多，主要是發現鴿子、馬跟某些動物根本不在維護和平，否則放任狼群咬人、啄傷一群不抵抗的笨狗是什麼道理？原來，這是馬老大的意思。一匹馬怎麼會不愛草原、不愛綠地？根據馬的密友指出，他因為嚮往藍天之下的民主，更要追逐紅色的太陽，便以為自己長出了翅膀，變成天使。這股影響力不容小覷，因為連鴿群都認為天使馬，是會飛的。加上他打擊犯罪、維護法治的決心，當然有資格成為天空的霸主。自從馬會飛，許多動物也認為自己擁有超能力，有的會把太陽變香蕉，有的會戴上綠色眼鏡，讓所有的動物變成綠色。或者穿上綠色外套、登高一呼，促使人人得以走上街頭。不論是挑戰盟主的寶座，或是跟更多狂暴的野獸對幹，他們都知道，也許「民主」是最後也最強的絕招，只是目前還沒有一種民主，是可以讓大家回家睡覺、安居樂業的。

我在街頭運動，只想當個普通的人。街上有歌聲、笑聲跟陌生人的問候。現在我不想再當一隻貓、一隻狗，或者任何悲傷的動物。現在我經過你的身旁了，希望民主可以更完整、更美好，希望明天的太陽照樣升起，不會變成香蕉。

攝影／鄧宇敦

# 四點鐘的汗水：藝術、行動、世代與昇華

文．鄒柏軒（台科大創意設計班雙主修應用外語學生）

藝術，對你來說是什麼呢？

是博物館裡成堆的名畫，配上晦澀聱牙的文字？

是劇團的精彩表演，是樂團的精湛演奏？

是詩句敲擊心靈的優雅，是裝置藝術作為公園座椅？

有別於一套優雅的西裝，也別於縹緲的前衛，

有別於動感亦或嘈雜的尖刺、皮褲與鐵鏈，

有別於簡單大方，有別於破個大洞的街頭。

有一種，是的，白吊嘎與藍白拖，球褲與眼神，

而且赤腳，不是因為踩在這土地上，而是這座島嶼便是我的鞋。

我的溫度。我的生命與一切。

透著汗漬、修得短短的頭髮繫著一條布條——這是我們的島。

## 為民主獻身的工廠

那是個在路口默默耕耘的農田。其實，那是個不畏風雨、混亂而疲累的帳篷。辛勤工作的，曬著一條條的醃製醬瓜。看著，不是什麼醬瓜，是一條條寫著「退回服貿，捍衛民主」的字條。在前一句逗點的地方，是一朵太陽花。「雖然我們是學藝術的，一般人可能覺得我們的專業沒什麼用。」氣質出眾的總召緩緩道來，「但是我們今天在這裡，也想做點事情，運用我們的專業，守護民主。」

一條條的絹印出來了，漂亮的布條，跟眼眶一樣濕濕的，沾在手上的，不知是黑色的青年，黑色的血液，還是黑色的民主。絹印的黑色顏料帶著不均勻的手工質感，在一個個靜坐沉默、時而口號喧

北藝大帳篷

嘩的群眾裡，在每個被晚霞與朝露浸漬汗水的額上。

「我想對大眾說：不要對政治冷漠。因為政治不會對我們冷漠。」

其實，這些志願獻身的志工之中，也不少質疑此舉的藝術性。「我們就是讓自己變成工具。這並不是藝術介入，我們只是做能做的。」鑑於藝術對概念的自由度跟重視，也許對議題作非常密合的、大字報式的宣傳設計，不能夠一吐這些藝術驕子的才情。環繞立法院，大性的封鎖布條，也是他們所為。

長篇大論民主與自由的版畫老師，跟在座的學生一般，面對著巨大的世代矛盾。攻堅行政院的暴力如火如荼，隔著一條街的我們如在另一個世界。和平，理性，看似安全。而他跟我們一樣，面對嚴重的世代差異，無法讓勞動階級、依賴大眾媒體的父母了解自己。即便終生大事，仍然與學生站在一起，在拍照的

型布條

參與絹印的青年

時候，要求與他的工具在一起——拍下他絹印的英姿。而那僅僅是個三十出頭的男子。這一刻的他很蒼老，卻很豪邁。面對年邁父母的不理解，見新聞便淚流滿面，人在南部也要驅車北上。一遍一遍，貴為師尊的他，一塊塊的絹布，一條條的標語。「藝術哲學家志在恢復藝術品精緻而強烈的經驗，使其與構成經驗的日常生活事件、活動和遭遇間的連續性得以呈現。」—杜威《藝術即經驗》

## 整個立法院，就是舞台

對比白康乃馨運動與 4am.tw 的文宣與設計品質，前者不免讓我們想到救國團的營隊。以我個人經驗為例，父親曾在我想考設計系時說，「設計能幹嘛？我大學時代的朋友讀復興美工後來去畫海報。」上個世代由於印刷術書本時代的線性邏輯，愛拚才會贏、碰

版畫老師的英姿

政治慘死的一元化典範思維，對於除此之外的「文藝」一律採取「匠」的角度加以看待。而表演藝術，說學逗唱，則是「不正經的娛樂業、演藝圈」，老一輩的，甚至阻止女性子嗣從事相關職業，認為跟娼妓等職之卑賤無二致。從 4am.tw 的紐時廣告設計上可以看出與白康乃馨運動海報的巨大差異。從文學象徵的選擇，空間的配布，無不經過縝密的安排與調整。網站上，簡潔有力的設計、排版與時間軸等設計，在在顯示對於作品最終呈現之前，仔細的思路與嚴謹的方法，配合精湛的技術，方有如此成果。

縱觀場內，不斷有小型團體或個人舉著自己設計的海報、掛牌，甚至全身道具，來表達自己的訴求，表達方式多元又有創意，讓人難以想像這是個尚未養成跨國設計文創能量的國家。小型卡車的籠子，暗喻統治者的顢頇；一名鎮暴警察手拿著盾牌，卻在盾牌背後藏著一朵小花——太陽花。

舉兩個印象深刻的例子，一個是穿著雨衣，後腦勺放著統治者馬年行大運的臉的男子。在那前方，是一根釣魚線，釣魚線的前方是錢。這樣的戲仿不禁讓人想到馬兒為吃紅蘿蔔而跑的卡通畫面，貌似勵志，卻因恐怖的圖像和血淋淋的金錢而讓人毛骨悚然。「經濟，經濟，多少罪惡假汝之名而行！」是不是為了金錢，就可以犧牲靈魂？「同學，這個給你。」說時遲那時快，笑吟吟的男子已經給我一張小小的玩具鈔票。仔細一看，百元鈔中間的圖像，變成長相恐怖的馬年行大運。「要跟他拍照，必須先在他的雨衣上寫下想說的話。」我也忘了我寫些什麼，但看到那麼多人在塑膠布上寫字，我有種等等要從這個人的鼠蹊部點火，緩緩昇天的天燈式綺麗幻覺。

「香蕉！香蕉！」兩名氣質明顯不太草根性的男孩，以其粗壯的四肢、稍嫌稚氣但純樸的笑容，帶著一大串香蕉，穿著吊嘎，斗笠，沿途發送香蕉。每發送一根香蕉，就送吃蕉者一張貼紙。貼紙上不是香蕉，而是太陽花。無聲控訴將香蕉與太陽花搞混的荒謬。

從整個學運的「當獨裁成為事實，革命就是義務」，從創作連線成山成海的海報，從「自己國家自己救」，從場內的北藝大布

馬英九金權小人

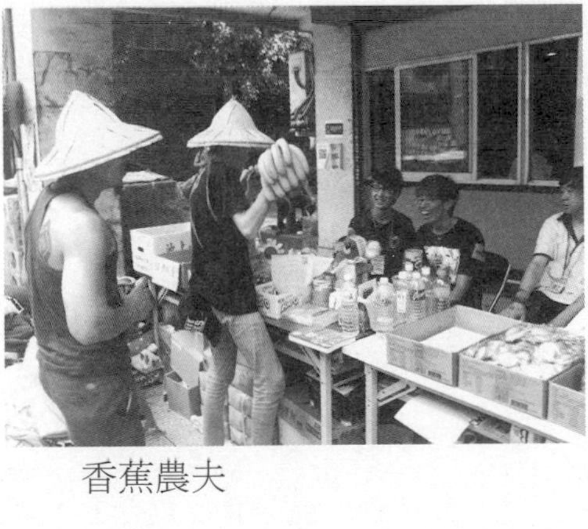
香蕉農夫

條，向前走表演藝術，從每個藝術介入的有趣場景，從貼紙到舞台，從樂團到廖文強的學運歌曲，從台大學生會的「溫柔的力量」紙條；從科技人的駭客能力，從 app 與網頁，從 g0v.tw 到架設基地台，這個世代顯示出一種傾向。他們重視自我表述，對於傳達的觀念與技術，隨著電腦科技的發展，更顯成熟。在表達時連貫，兼具美感與功能的不在少數。實驗性的作品，展現其前衛的形式，與立法院週邊群眾構建出特殊的脈絡，並以他們強烈的個人品味為運動添色。上個世代，經歷了黨國時代的思想禁錮，努力向上，在不碰政治的道德潔癖、揮著理性中立大旗的後方，坐擁著既得利益。他們教導我們，以那早已失靈的勞工式教育——而非啟發——填塞我們的心智，口口聲聲希望我們能夠遵循這樣的套路，成為跟他們一樣成功的人。二十年過去。物價漲了。車子房子都買不起。五年後的熱門職業現在還看不到蹤影。教育中技術的門檻成為少部分人的特權。最終能夠拿到新時代的門票的，還是獨立思考，擁有堅定動機與個人方法的個體，無論身處哪個環境與職業，皆能適應。而此等價值絕非強調「水牛精神」「苦幹實幹」的上一世代能夠真正理解與體會。科技發展，網路崛起，而教室還留在八位元世代。文化發展，原創發聲，上學還是穿著制服。不鼓勵個體的文化，成為崩世代的共同陰影，學校圍牆內外雙面人，是我們生存的共同矛盾。這個年輕的世代，對於未來的想像不再狹隘，但遵循前人老路的模式卻總是失靈。律師、醫生、老師，從前考上大學即是鐵飯碗，現代年輕人的迷惘，真的有辦法在政府帶領文創口號、創業比賽的廣布而破除嗎？創業圈有句話：「當到最好是困難的。試著成為領先者，或是與眾不同的人吧！」即便歐美先進國家，也面臨類似問題，甚至有學者在青年期、中年期、老年期的三分法外，又加上一個奧德賽期（Odyssey）於青年期與中年期之中，意思是藉著四處冒險、累積經驗，找尋自我的過程。

這場運動中，運動者的文化能量表現無遺，反倒是這句話的最佳證明。風格化作為象徵鬥爭，以學運作為一個大品牌，無意中成功營造樂隊花車現象，對上一世代單線式的價值觀進行溫柔的重塑。如網路般，多點式的、水平思考的年輕人，受到新時代媒介的影響，不再依附前人的僵固「做哪行像哪行」，以自己的邏輯定義屬於時代的色彩。

## 作為反思個體的學生

以不具名的方式分享我的切身經驗。一位是家中寬裕的普通理工學生。雖然其對社會議題有所關心，但常流於情緒化的謾罵與控訴。除此之外，對於其專業以外的相關價值可說是一概不知，可說是不踏出舒適圈的人。但是，由於對吉他的熱愛，崇拜張雨生的他以音樂的方式模仿，以經年累月的精湛技巧時常譜寫出自己的即興。雖然，由於素養缺乏，對於文字的純熟與拿捏稍嫌幼稚與晦澀，但其樂曲的編寫可說是才氣十足。由於這次的運動，他首度上了街頭，以自己的雙手雙腳見證了街頭。他編寫了歌詞，試圖以學運作為主題，寄寓了對於家庭不支持自己做藝術的鬱悶，隱喻中帶有對夢想與理想的 熱情，對體制機械暴力的控訴與無奈，並在這樣的過程中，自我昇華、自我重塑，甚至剪接 MV、預計上群眾募資，在追逐街頭理想的過程中，他反倒弱化了自己的不理性，而使自己的感性與才氣，得以以創作的方式，以社會為背景，成為表達自我的方式。另一位朋友是個立志創業的朋友。由於切身接觸過生死問題，而對人生有著超齡的思考，不希望僅僅在遊戲中荒廢自己的青春。接觸商業邏輯的他，曾經埋頭熬夜，希望能在創業有所突破，依照企業之商業邏輯處事。然而，這次社會運動讓他到了現場無數次，而行政院那晚的轉播，據他所言，是場「人生的大地震」。他退出了原先的創業團隊，並在迷惘之中，盼望以自己的方式，重新尋回生命的意義。也許是更具社會貢獻？也許是更有文化意義？在這場運動中，他思考了自己在「社會」中的定位與更多可能。在隱而未見的文化與心境層面，我相信這場學運的啟蒙不但不是場煙火，而是一朵朵的太陽花。每當夜幕散去，旭日初昇，即升起腰桿迎向希望。人類的成長，帶有「蛙跳效應」，人類的成長是有機的，不是線性的，擁有無限的可能。當這場社會運動，由學生發起的社會運動，不再只是表面的「服貿議題」，而是對自我生命的「獨立思考」，對生命意義、自我實現創造的完滿與昇華，無論結果與否，這就不只是一場嘉年華，一群群的樂隊花車，而是一群群溫柔、勇敢、堅強的社會鬥士，而他們，也將會是競爭力無限的人生鬥士。

# 佔領塗鴉牆：基進民主的二十一張畫

圖／文．梁秋虹（清大社會所兼任助理教授）

起義無聲無息，只行動不說話。這些抗議文本沿街包圍立院，佔領了自己的塗鴉牆。街頭塗鴉的生命週期很短暫，經常朝生暮死。抗議期間，它們永遠在場，堪稱最忠誠的靜坐者。它們再也無法重現，尤其風雨過後，一夜死傷無數。它們是見證歷史的影像檔案。

儘管沒有自己的大聲公，它們仍然是歷史現場大聲疾呼的行動者。在這個意義上，「佔領塗鴉牆」或許是最符合基進民主精神的一次街頭實踐。作為最不具論述門檻的開放文本，誰都可以發言，誰都可以瀏覽，誰都可能對話。街頭塗鴉牆是即興拼貼的集體創作，所有路過的人們共同讀寫。

日本作家大江健三郎曾形容「學運是每個人燃燒個人感情的產物」。塗鴉牆的奧義不只在於表達個人意見，還要熊熊燃燒個人感情，默默負載著現場的情感教育。那裡不是知識份子的公共領域，而是一個同時可以容納非理性存在的人性空間。塗鴉牆的意見氣候有自己的

陰晴變化，哭就哭，笑就笑，該罵就罵。批判與溫暖共在，悲傷與憤怒並存，小清新溫柔力量紙條與無政府主義青年可以相安無事。

它們是一部歷史詞典，也是基進民主的畫紙。關於佔領，每個人都有權建立自己的詞條解釋，然後任由路過的人們去編修意義。

就像眼前這個畫面一樣，你要說它是「官逼民反」便是「官逼民反」，你要說它是「反民逼官」便是「反民逼官」。

今天（四月七日）是佔領立法院第二十一天，也留下了基進民主的二十一張畫。

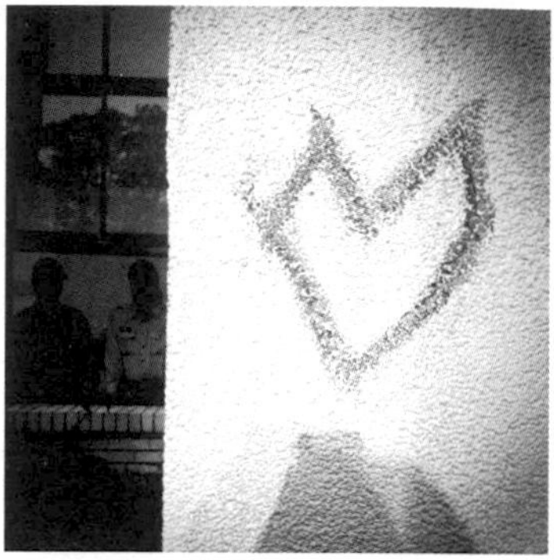

3.19 午前，
立院青島東路議場門口

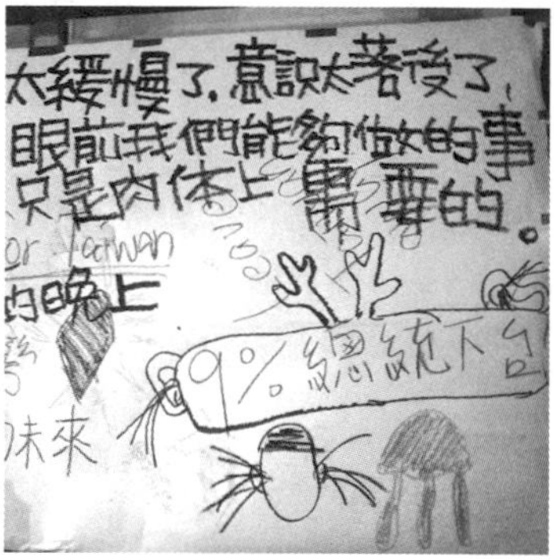


3.20　青島東路走廊

## 3.19 午前，立院青島東路議場門口

「警察不動，我們不動」。包圍議場的人們這樣喊著，當他們視線與警察對峙，會看到大門左側好像有了左心房。

這或許是佔領立院的第一個外場塗鴉。媒體將之描寫為一個行事過激的年輕學生割腕抗議行動。而這也確實留下了佔領立院最初那一群人留下的印記。他們的熱血與真心。

反對，是為了愛。

## 3.20 青島東路走廊

這個時候，太陽花還沒有成為新學運世代的符號，青島東路外牆還沒有變成後來人們所說的學運藝廊。海報多半只是找張白紙或者紙箱瓦楞紙，一切因陋就簡，只有蠟筆或麥克筆的簡易塗鴉。它們一點也不美，甚至引不起鏡頭的興趣。還沒有精神標語，還沒有統一口號，還沒有美感可言。什麼都可以，什麼都可能。這些早期手寫勞作的現場感，還很粗糙，還更真實。

例如這張海報，忍不住要讓人意外。那是一九八九年中國搖滾歌手崔健的歌〈時代的晚上〉，出自專輯《無能的力量》。多麼適合這樣一個時代的晚上，而現在已經是二〇一四年。

你會相信我嗎？你會依靠我嗎？
你是否能夠控制得住我如果我瘋了。
你無所事事嗎？你需要震撼嗎？
可是我們生活的這輩子有太多的事還不能幹吶。
行為太緩慢了，意識太落後了，
眼前我們能夠做的事只是肉體上需要的。
請摸著我的手吧，我美麗的姑娘，
讓我安慰你渡過這時代的晚上。

## 3.21 青島東路議場外牆

「當獨」。第一個版本只有二字，即刻被場外群眾制止。當獨有何不可？

「當獨裁成為事實，革命就」。第二個版本，經議場內外協調後合法通過。原來是陳嘉君帶來的行動藝術版本，噴漆者是施明德的女兒施蜜娜。

「當獨裁成為事實，革命就是義務」(When dictatorship is a fact, revolution becomes a right.)。最後版本，出自電影《里斯本夜車》，講述一九七四年因反葡萄牙獨裁政權而起的康乃馨革命。議場外主持人宣布，為避免破壞公物，議場所有噴漆都將清除，這將會是佔領行動唯一留下的行動宣言。

在此同時，這句話也佔領了佔領行動本身的官方代表性符號。

## 3.21 青島東路側門議場大院

事件第四天，為守護議場，群眾從四面八方而來。人們輪流拿著麥克風說話。只是，民眾若非社會菁英，學生若非一流學府，發言往往有一個公式：「我只是一個誰」。

「我從嘉義來，我是吳鳳科技大學的學生。不要騙我了，你們真的有聽過吳鳳科大嗎？」

「我從台南來，我只是一個賣紅豆湯的小吃業者。我帶著二千個台南應用科技大學同學的簽名來了」。

那是來自同代人的義氣，連署形式簡直充滿早期冰果室牆上簽名到此一遊的風格，加油打氣者潦草直白，抗議反對者偶爾順帶問候你爸媽，確實是南部人引以為傲的生猛口氣。

這是我所見到最具民主張力的塗鴉牆了。而我想說的不只是民主，我想說的只是，「你不只是一個誰。」

## 3.22 還沒有帳棚的晚上

媒體說他們是暴民。她說：「如果我們不溫柔，怎麼會為了別人守在這裡？」

3.21 青島東路議場外牆

3.21 青島東路側門議場大院

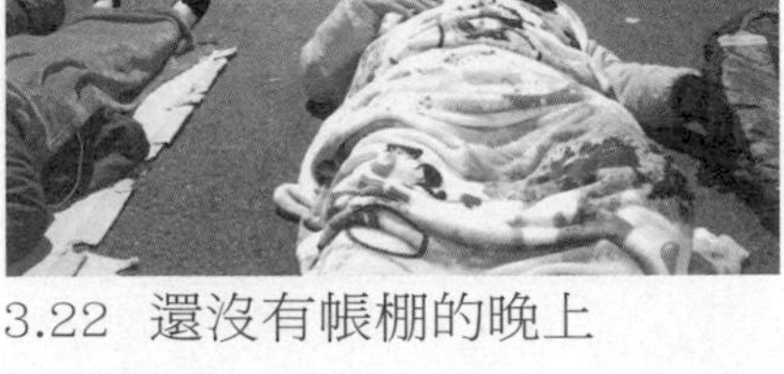

3.22 還沒有帳棚的晚上

3.23　青島東路議場前

3.23　拒馬上

3.23　還沒有帳棚的晚上

她們是兩個高中女生，早晨七點就來了，為了等候麥克風發言，直到中午才趕回學校上課。

第五夜，寧以柏油路共枕。天都快亮了，濟南路上的人們仍睡著醒著。

## 3.23　青島東路議場前

“I Don't Need SEX, because the Government FUCKs ME every day.”（不解釋）

塗鴉牆上，權力與性是乾柴烈火，越演越烈。

在象徵的世界裡，性被挪用成為權力關係最赤裸的展現，而且似乎永遠不必在乎性別的政治正確。如同大部分的抗議現場一樣，性隱喻無所不在。

## 3.23 拒馬上

禁區圍城的拒馬上，一度貼滿了寫給警察的溫馨便利貼。黑色拒馬與彩色便利貼在視覺上成鮮明對比。

警察究竟是國家暴力的行使者，還是保衛社會的人民保姆？對靜坐抗議的人們而言，此時還不成疑問。

## 3.23 還沒有帳棚的晚上

是夜，佔領行政院行動開始了，來得突然。

整夜，警察驅離行動開始了。被迫真的準備戰鬥的弱者，有的人已先撤退，有的人措手不及，有的人無力驚惶，有的人罔然未聞。

第六夜，有的人睡著，還沒睡的人再無法成眠。

## 3.24 一個低矮的角落

那一個晚上，讓一個世代人們喚起了對威權的歷史記憶，讓另一個解嚴後世代的人們無可置信地傷了心。

「我是小鬼，我反服貿」（圖：九歲、文：十歲）。

「敲得破我的頭，打不倒我的心」。

「六七年級的哥哥姊姊們，站出來力挺弟弟妹妹」。

「這麼輕的代價。如果合理，為什麼我會哭？」不過是這樣簡單的道理。

## 3.25 青島東路走廊

塗鴉牆天氣陰，寫滿了跨世代的悲傷與憤怒。

「殤」。

「對獨裁者禮貌，就是對自己殘忍」。

「孩子！娘為你站出來了」。

「學生正在保護國家，學生由我們來保護」。

同一張嘲諷主政者耳朵長毛的肖像畫，標語從「馬英九踹共」，變成了「英茸宛在」。

## 3.25「自己的媒體自己救」

在媒體氾濫的時代，已經多久沒有出現這種畫面。在媒體壟斷的時代，人們在牆上讀報。「不要作假新聞給我爸媽看」。特定電視台的 SNG 轉播車，貼滿了質疑與不滿的便利貼。

3.24　一個低矮的角落

3.25　青島東路走廊

3.25　「自己的媒體自己救」

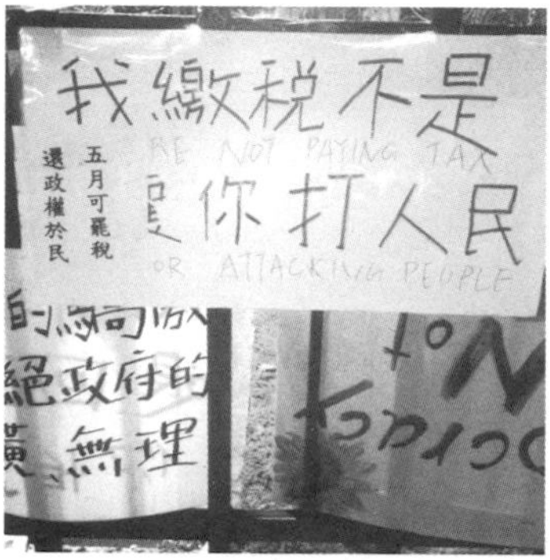

3.25 濟南路

3.25 青島東路

3.26 邊緣地帶

## 3.25 濟南路

「罷工」、「罷課」字條貼滿了濟南路整條街。

這場運動開始不是學生的專利。盛怒的人們主張擴大行使「公民不服從」的權利，而那也包括「罷稅」。因為，「我繳稅不是讓你打人民」。

## 3.25 青島東路

午夜見到已故台大校長傅斯年肖像在街角出現，原來隔日就是傅斯年冥誕。

很多人也許不知道，一九四九年四月六日，國民政府軍隊進入台灣大學與省立師範學院

（今師範大學）宿舍逮捕學生，史稱「四六事件」。時任台大校長傅斯年，向台灣警備總司令部司令彭孟緝說了這句話：

「我有一個請求，你今天晚上驅離學生時，不能流血，若有學生流血，我要跟你拚命。」

然而，半個世紀過去了，仍有學生因此流血。而傅斯年眼皮底下正在進行一場「反服貿推拿」。即使傅斯年也始料未及。

## 3.26 邊緣地帶

有另一種塗鴉的出現，為了建立秩序。物資只發給線內的人，遊民被列為不受歡迎人物，抗議布條只發給靜坐區民眾。

界線太明確，反思與批判的對象開始指向運動內部。包括靜坐現場拉起的醫療通道，以及糾察為了疏導人群而起的空間管制。例如，「人行道不站人」。換句話說，行人失去了徐行旁觀的權利。然而，人們如何可能不假思索片刻就地決定自己的位置呢。

另一條界線則是隱性的，新的人群分類政治隱隱成形：一線知識分子、線上知識份子、線外滋事份子、離線解放份子。

直到邊緣地帶出現了不滿的塗鴉，噴漆寫著「運動不要糾查」。所挑戰的不只是強調整齊清潔秩序的糾察線，也包括了對思想指導的糾察。

## 3.26 靜坐區路中間

我們「不是什麼」的政治學。

政治表態的標準答案：「學生透明無色」、「我們非受政黨操控」。我們「不是什麼」的政治學，厭惡非藍即綠的政治認同分類邏輯，對政治人物的憤慨與嘲諷一視同仁。

## 3.26 台北 NGO 會館（青島東路 8 號）

官逼民反的街頭畫室。

地面鋪滿顏料與畫紙，全是草稿。

塗鴉牆的時間軸，以落葉為見，落葉有多少，畫紙便躺了多久。

這個角落一室無語，沒有文字的喧嘩。

## 3.27 青島東路走廊

社群通訊軟體 LINE

對話群組名稱：台灣未來

對話人數：兩人

發出訊息：如此重要的協議，為何這樣草率決定？

（訊息已讀不回）

馬英九已退出群組。

大驚！

3.26　靜坐區路中間

3.26　台北 NGO 會館（青島東路 8 號）

3.27　青島東路走廊

3.27　青島東路走廊

3.27「全民包圍立法院」旗幟上

3.27　太陽餅遍地開花

## 3.27 青島東路走廊

「咦？你說什麼？我聽不到」。

頭上都長角，耳朵都長毛了。鹿茸系列持續進化中。

## 3.27 「全民包圍立法院」旗幟上

「立刻！馬上下台！馬英9下台」。

塗鴉牆不只在牆上。行動藝術同時就地裝置，人行道上貼了九張極盡奧妙的貼紙，請君踩過這九步前進。為低著頭走路的人們，主張一種新的路權。

## 3.27 太陽餅遍地開花

針對內政部次長蕭家淇失言風波，網友集資發起「甜點還給你，權力還給我」的活動。「中國國民黨：餅公至上、見血何妨」。現場塗鴉牆上，政黨符號首度出現，反應了對執政黨的不滿。

有人留下了讀後感想，將太陽餅個個擊破。真正的塗鴉牆往往是作者與讀者的集體創作。

## 3.27 到處都是

政治人物、電子媒體與鄉民的集體創作，所衍生的新台灣名產：鹿茸、香蕉、太陽餅。塗鴉主角：馬鹿茸、裴蝦樺、邱香蕉、蕭太陽。

鄉民的正義，與時同步。

## 3.27 青島東路議場門口

我們「不是什麼」的政治學。

「請拍照讓大家知道，我們不是暴民」。或許是為了訴諸學生純潔性與學運去政治化路線，運動前台執行了嚴格明確的自我形象管理。在議場門口，甚至就地設置「反黑箱服貿拍照區」，方便人們到此一遊，拍照打卡，上傳臉書。

原因無他，學生們在這裡上了一門媒體課，他們不僅重新認識到什麼是政治、什麼是政黨、什麼是朝野，也見識到了什麼是媒體。因此除了「自己的媒體自己救」，自主架設對外的媒體平台，也期待透過擴大社群網路的曝光度，突破主流媒體對運動主體的詮釋權。

「我們不是暴民」，不是國家機器與主流媒體所再現與指責的暴力群眾。

問題是，如果我們不是暴民，那麼誰是我們想像中的暴民？問題是，如果我們是不服從的公民，我們是和平理性的群眾，是非暴力抗爭的抗議者，那麼我們又是如何意識過去那些曾經上演激烈警民對峙的社運歷史現場？

在這個拒絕街頭群眾運動暴民歷史刻板的形象清洗過程當中，也有可能是另一種暴力。從暴民到公民，歷史記憶平反的轉型正義之路，還很漫長。

## 3.30 凱達格蘭大道

凱道黑潮，不用動員，不用集合。街頭有事，自然相見。

國難當前的小確幸。

3.27 到處都是

3.27 青島東路議場門口

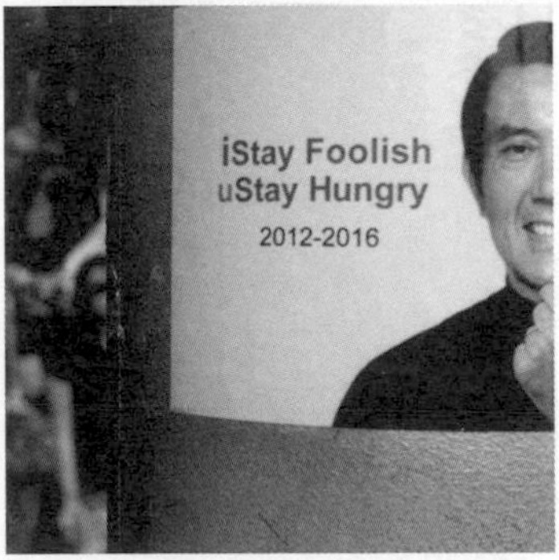

3.30 凱達格蘭大道

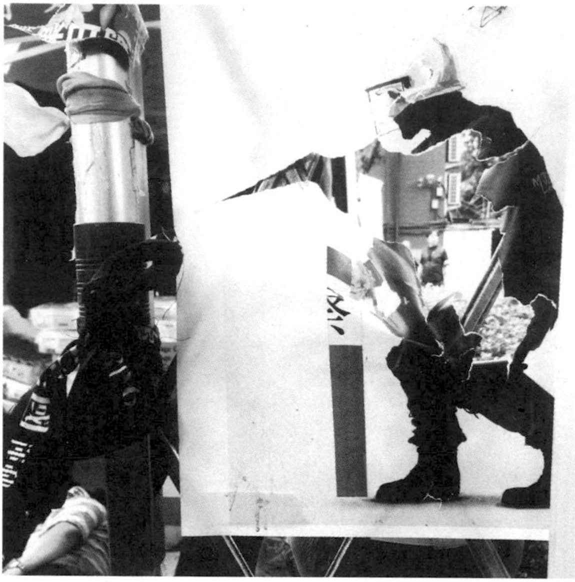
3.31 立院中山南路正門

## 3.31 立院中山南路正門

「立法院」招牌被卸下，高高掛起了「中國黨」與「賣台院」。

這一帶比何處都更早進入塗鴉客用想像力奪權的無政府主義狀態。這裡的塗鴉更漫無秩序也更張狂。例如，白色修正液在紅磚牆上寫下「历鬼院」，為立法院命名。

相較於學生佔領議場，公民團體支撐外場，任誰都知道這裡是獨派的真實烏托邦。這或許是獨派的空前勝利時刻。年長的人們，用文雅的福佬話，談論國家大事。

這裡的長輩偶爾也會在青島東路或濟南路現場流連。尤其是在大雨過後的冷清早晨，會見到他們自發性地掃街。在烈日當頭的正午，他們可以獨自在柏油路上盤腿就坐，像個戴著斗笠的不動明王。

一旦靜坐者眾，他們通常便會退了出去，自制的坐在外圍，通常樹下路邊的紅色塑膠椅會是他們的常備座位。

渴望被看見的他們，也會上台拿著麥克風暢所欲言，發言也有一套公式：「我書讀得不多，我的學歷不高，可是啊可是」。他們是格外專心的聽眾，但是對自己人的演講內容好惡反應很直接，不像學生們通常無論如何都會報以禮貌性的鼓掌。

他們不需要搞審議民主，因為他們早就嫻熟了在街頭與陌生人交談和交換政治意見。兩個老人家彼此的交換身世通常從上個世紀的二二八開始，使人感嘆歷史意識的縱深悠長。每當麥克風響起，他們總是非常尊敬街頭民主教室的大學教授，非常佩服願意守候台灣前途的年輕人。如他們所說，這是學生的「社會課」，而自己像個旁聽生，作一個守護者，恭敬得像個小孩。

青年佔領立院行動即將進入第十五天，而他們已經在街頭站了一輩子這麼久。

## 3.31　濟南路帳棚區

無論是對國家領導人親中的疑慮，或是將主政者與獨裁者的形象連結起來，並非原本如此，純屬晚期產物。

## 3.31　青島東路走廊

相片分享社群軟體 instagram

留言數：零。你沉默不說，我也無話可說。

按讚人數：9.2。民調人氣指數 9.2%。

追蹤人數：零。

大頭貼：一個西裝筆挺，但是沒有面孔的人。

## 3.31　飛帆特區

在五十萬人面前演講之後。塗鴉牆上終於誕生了學運領袖專區。其中我最喜歡這一張，因為那件綠大衣，只是一個象徵新希望的符號，而不是一個誰。

3.31 濟南路帳棚區

3.31 飛帆特區

3.31 青島東路走廊

4.1 愚人節

4.2 青島東路議場外牆

4.3 垃圾分類站

## 4.1 愚人節

「核四最安全，服貿最賺錢」。

## 4.2 青島東路議場外牆

「為何我結婚需要二千三百萬人同意，服貿卻不用社會共識？」

## 4.3 垃圾分類站

記得三月很冷，五個大男生在夜裡站成一排，穿著黃色塑膠袋簡便雨衣，拿著台北市專用大垃圾袋，把自己當作是垃圾分類站的人形立牌。有些下指導旗的人們說，學運是只會整齊清潔秩序的糾察隊，不懂得抗議。

好不容易晴朗以後，四月的資源回收站也默默進化，掛起了「馬英九集中處」的新招牌。「所以，不要再說我們只會作垃圾分類了」（設計對白）。

## 4.4 兒童節

「我們會長大，你們會老」。因反黑箱服貿爭議而起的政治風險、經濟得失、社會分配，宣告了崩世代的世代戰爭。

「我們會老，你們會長大」。去政治化的學生運動，總有一天必須面臨公民運動的再政治化。佔領立院行動無論歷史成敗，每個曾經身在其中的參與者已經佔領了自己心中的真實烏托邦，而這或許是一個世代政治意識啟蒙的開始。

## 4.5 清明節

「清明節這一天，要來立法院掃墓。因為這裡葬送著台灣的民主」。現場必備的礦泉水瓶與太陽花，成了現成的祭酒與鮮花。

## 4.6

中天新聞台「新聞龍捲風」政論節目內容涉嫌物化女性，引發婦女團體聯合抗議，民眾檢舉投訴數量破 NCC 記錄。

針對政論名嘴調侃靜坐民眾襯衫領口過低一事，塗鴉牆上也有了嚴正聲明：「反對自由戀愛！我控訴哈哈！碰碰！綳綳！捍衛萌乳」！

4.4　兒童節

4.5　清明節

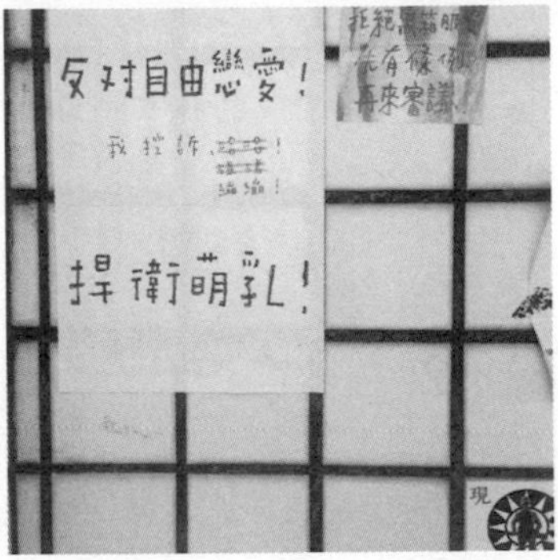

4.6

4.7 鄭南榕忌日

4.8 宣布退場隔日

## 4.7 鄭南榕忌日

一九八九年，《自由時代》雜誌創辦人鄭南榕，因刊登台灣新憲法草案，遭控「涉嫌叛亂」。「Over my dead body」（國民黨只能抓到我的屍體，不能抓到我的人）。這句話是鄭南榕說的，主張百分百言論自由的他，隨即引火自焚，震驚全國。

結果卻因民進黨台北市議員王世堅脫口而出，變成一句笑話。

這一夜，青島東路議場外，設起小小的靈堂。

這一夜，即便校方反對，成功大學學生仍自立起「南榕廣場」紀念碑，隔日隨即遭到拆

除

這一夜，學運宣布退場。

這一夜以後，「剩下就是你們的事了」。

## 4.8 宣布退場隔日

議場外，參觀群眾多了，靜坐群眾少了。

塗鴉牆上多了，許多說再見的方法。

人們來，來說再見。

人們走，遍地開花。

還沒走入歷史。

# 記得

文・廖之韻（詩人）

一夜，我們讓光
亮了天
一破曉，血紅的淚滲入地
開了花
無數的
黑

年輕的靈魂喚醒了
愛
從中山南到青島東

從忠孝東到凱達格蘭
跟著前行，些許碰撞
推擠，或是安靜的
坐下
最貼近的距離
坐下
我們在這島嶼
有了根

有了記憶的理由
這樣的夜晚與清晨
還有午後的黑色大十字
說，不
說，你可曾聽到
人們的吶喊與歌聲裡溫柔的

溫柔的

溫柔的

溫柔的

溫柔的

溫柔的

力量，我們守護彼此的希望

國家圖書館出版品預行編目 (CIP) 資料

318 佔領立法院 / 劉定綱主編 . -- 初版 . -- 臺北市 : 奇異果文創 , 2014.04

320 面 ;14.8×21 公分 . --（緣社會 ; 1）

ISBN 978-986-90227-4-3( 平裝 )

1. 社會運動

541.45　103005962

緣社會 001

# 318 佔領立法院

## 看·見·希·望·世·代

主編：劉定綱

封面設計：鄒柏軒
美術設計：Johnson

總編輯：廖之韻
創意總監：劉定綱
行銷企劃：宋琇涵
助理編輯：許雅婷

法律顧問：林傳哲律師 / 昱昌律師事務所

出版：奇異果文創事業有限公司
地址：台北市大安區羅斯福路三段 193 號 7 樓
電話：（02）23684068
傳真：（02）23685303
網址： https://www.facebook.com/kiwifruitstudio
電子信箱：yun2305@ms61.hinet.net

總經銷：紅螞蟻圖書有限公司
地址：台北市內湖區舊宗路二
121 巷 19 號
電話：（02）27953656
傳真：（02）27954100
網址：http://www.e-redant.com

印刷：永光彩色印刷股份有限公
地址：新北市中和區建三路 9 號
電話：（02）22237072

初版：2014 年 4 月 16 日
ISBN：978-986-90227-4-3
定價：新台幣 318 元